澤田秀丸

冠頭讃　讃阿弥陀仏偈和讃

［上巻］

浄土和讃のおしえ

法藏館

浄土和讃のおしえ　上——冠頭讃、讃阿弥陀仏偈和讃——

＊目次

浄土和讃のおしえ　上

——冠頭讃、讃阿弥陀仏偈和讃——

はじめに

和讃とは、中国語の漢語讃嘆、古代インド語（サンスクリット語）の梵語讃嘆に対して、日本語で七五調四句で表現された和語讃嘆をいいます。讃嘆は、仏さまのはたらきを、深く感じ入ってほめ讃えることです。

宗祖親鸞聖人は、関東から帰洛して七十六歳から八十八歳にかけて『浄土和讃』『高僧和讃』を執筆され、続いて『正像末和讃』の三帖和讃など五百余首を著されました。

一帖目の『浄土和讃』は、仏のさとりの智慧でかたちづけられた浄土のはたらきを讃えています。

冒頭に「冠頭の二首和讃」が記されています。この二首は当初のご草稿には記載されておらず、おそらくは後日に書き加えられたものといわれていますが、それだけに三帖和讃全体の要綱を示された大きな意味をもつ和讃です。

次に「『讃阿弥陀仏偈』曰　曇鸞御造　南無阿弥陀仏」と記されて、浄土真宗伝承の第三祖・曇鸞大師が「頂礼したてまつる」と阿弥陀仏のはたらきを讃えられた三十七の阿弥陀仏の別号と、浄土真宗伝承の第一祖・龍樹菩薩の『十住毘婆娑論』の中から三つの名を挙げられています。

続いて、曇鸞大師が漢文で著された『讃阿弥陀仏偈』を和語で讃嘆された「讃阿弥陀仏偈和讃」四十八首、三部経の意を詠まれた「大経意」二十二首、「観経意」九首、「弥陀経意」五首、そして「弥陀和讃」九首、「現世利益和讃」十五首、「大勢至菩薩和讃」八首の合計百十六首が、毛筆で一字が二十五ミリ程の大きさののびのびとした運筆で、漢字の発音に朱をいれて編集されています。

「讃阿弥陀仏偈和讃」四十八首は、大きく分けて三つのことが述べられています。

一つは、正報荘厳讃嘆といって、初首から三十二首目までで、自らの求道の正しい報いとしてさとりを得た阿弥陀仏と諸仏・菩薩の勝れたすがたとはたらきがほめ讃えられています。

二つに、依報荘厳讃嘆で、三十三首目から四十四首目までは、仏さまのよりどころとする環境、すなわちさとりの浄土の厳かなおかざりの勝れたさまを讃えています。

三つは、総括勧信で、最後の四首では、それまで四十四首にわたって説かれた和讃を総括し、阿弥陀仏こそ諸仏・菩薩、そして私たち念仏者の中心であり、最も尊ぶべき仏さまであることを述べて、信じ敬うことを勧められています。

また「讃阿弥陀仏偈和讃」四十八首では、「帰命せよ」と呼びかけられる言葉が二十一首にわたって用いられていますが、三帖和讃全体では他に一首あるだけです。この和讃のよりどころとなる『讃阿弥陀仏偈』で「稽首」「頂礼」とあるのを、「帰命せよ」とされた親鸞聖人独自の信心の勧め方です。帰命は、サンスクリット語のナマスを音写した南無を訳した言葉で、親鸞聖人は『尊号真像銘文』に、「帰命ともうすは、如来の勅命にしたがうこころなり」と説かれていますので、「せよ」は命令形ではなく、〝共に阿弥陀仏の仰せにしたがわさせていただきましょう〟と呼びかけてくださった言葉と、私はいただきました。

三帖和讃の親鸞聖人真蹟本は、国宝に指定され、高田・専修寺に保存されています。

いずれにしましても、歌は一つの言葉に大きな意味が凝縮されて表現されます。ましてや和讃は親鸞聖人の老齢期の深い信心の言葉ですので、この心をいただくことは一布教使にとっては至難不可能なことですが、自坊の門徒衆の要請で毎月の親鸞聖人講座で五年間かけて味読したものをもとに、法話として纏めさせていただきました。

浄土和讃

冠頭讃　二首

讃阿弥陀仏偈和讃　四十八首

1

弥陀の名号となえつつ
信心まことにうるひとは
憶念の心つねにして
仏恩報ずるおもいあり

南無阿弥陀仏の御名を称えながら、
仏のまことの心をいただく信心の人は、
阿弥陀仏を忘れず思い続けること常にして、
阿弥陀仏のめぐみに生かされる、報謝の思いが生まれる。

この和讃は、「冠頭の二首和讃」の一首で、これより『浄土和讃』『高僧和讃』『正像末和讃』と著作された全和讃の「要綱」として、親鸞聖人自らの言葉でお示しになった仏教讃歌です。

この第一首目は勧信、すなわち私たちに〝さあさあと促すようにはたらきかけて信心をすすめてくださった〟和讃であります。

親鸞聖人が、生涯の最後に「如来大悲の恩徳は　身を粉にしても報ずべし　師主知識の恩徳も　ほねをくだきても謝すべし」と言い切られた深い信心の悦びを、私たちに五百に余る和讃で真剣に勧めてくださっている真宗の信心は、「信心まことにうるひと」となる真実の信心であります。

この真実の信心を、親鸞聖人は『教行信証』に「「信心」と言うは、すなわち本願力回向の信心なり」と記されていますが、回向とは差し向けることで、『歎異抄』では「如来よりたまわりたる信心」と示されました。仏さまのまことの心をいただく信心を、大谷大学名誉教授の金子大栄先生は、「信心というのは言葉である。如来の言葉である。仏教の言葉を聞いていただく。ただそれだけである」と述べられています。「弥陀の名号」は私の上にとどいてナンマンダブツの念仏となります。念仏は言葉となった仏さまです。念仏を称えることで仏さまの教えを聞く心が育てられ、念仏を称えることで仏さまを思い続け忘れない「憶念の心つねにして」の歓びを受けます。

親鸞聖人は、恩をめぐみと読まれましたが、私たちの思い・考えの一つ一つに、私たちの生活のひとこまひとこまに、とどいてくださっていたさとりの智慧の多くの言葉のめぐみ、さとりの智慧に厳かにかざられた浄土のめぐみに、称える念仏は気づかせてくださいます。そして大きな深い仏さまのめぐみに生かされた報謝感謝の人生を歩みませんか、と親鸞聖人が〝さあさあと促すように勧めてくださった〟信心の喜びを詠われた和讃であります。

この和讃の心を受け止めて四十八首の「讃阿弥陀仏偈」を味読してまいりたいと思います。

2

誓願不思議をうたがいて
御名を称する往生は
宮殿のうちに五百歳
むなしくすぐとぞときたまう

仏の誓いと願いの、私を超えたはたらきを疑って、自力の念仏を称えて、浄土に往き生まれようとする人は、楽しみはあるが、中に縛られること五百歳の仮の浄土で、むなしく過ごさねばならない、と説かれました。

この和讃は、「冠頭の二首和讃」の一首で、この二首目は、誡疑、すなわちさとりの智慧を疑う心に言葉をかけて気づかせることを目的としています。

疑う心は、見るもの聞くものを身に付かない、空しいものにしてしまいます。さらに、疑う心は一度疑い出すととてつもないことまで考えて、結局、争いや差別を作り出します。このような疑う心は、自分の思いにこだわる心から起こり、正しい意義や道理を否定する狭い心となります。

「お寺にお参りするのはまだはやい」「もう少し暇ができてから」と、よく耳にします。

仏教を聞かないで、自分流の仏教とはこうだという思いこみを基準にした考えです。結局、自分の考えに閉じこもる自力心であり、迷いを生み出す無明心と、仏さまは教えています。

ここでいわれる誓願は、阿弥陀仏の人びとにかけられた四十八の本願のことですが、誓いがあって願いが力になり、また願いによって誓いが確かになることを教えています。例えば、子どもに勉強せよと願うのであれば、親も勉強する誓いがなければ力になりません。豊かに生きるぞという自分への誓いから、自分を開いてくれる仏教を聞こうという願いが生まれます。本当は、まだはやいとかもう少し先になどといっている余裕はありません。なぜならば、一息一息が人生だからです。

迷いに覚めよとかけられた阿弥陀仏の願いは、仏自らが覚める誓いのあらわれですが、その誓願を疑って、しかも阿弥陀仏の開かれた浄土に往き生まれたいと思うのは、とてつもない矛盾があるのですが、それにすら気づかない、疑う心の迷いの深さを自力心と教えています。

自力が強い人ほど自分の考えにこだわり、ますます自分の考えに閉じこもり、自分の考えに陶酔してしまいます。居心地がいいのです。まるで楽しいが不自由な七宝の宮殿に居るように、そこから一歩も広い世界に出ることができません。

人生はやり直しはできませんが、見直すことができる仏さまの智慧がありながら、疑う心のために空しく過ごすことは、五百年の空しさになるのです。と、疑うことを戒める和讃です。

1

弥陀成仏のこのかたは
いまに十劫をへたまえり
法身の光輪きわもなく
世の盲冥をてらすなり

阿弥陀仏がさとり、仏と成られてから、
今までに計ることのできない、長い時間を経ています。
さとりの身から放つ智慧が輪となって、果てしなく、
人の世の迷いを照らしてくださっています。

この「讃阿弥陀仏偈和讃」の一首目は、真宗門徒の本尊・阿弥陀仏のさとりの基本を述べて、それがこれより詠まれる四十八首の和讃全体を貫いていることを明らかにされた和讃です。

阿弥陀は、サンスクリット語アミタの発音を写した言葉で、訳して無量といい、二つのはたらきを持った言葉です。

一つはアミタアユスで、無量寿と訳します。この和讃で、
弥陀成仏のこのかたは　いまに十劫をへたまえり

と述べられています。仏が法蔵菩薩として、世の正しい道理と自分の中で自分を動かしている心に覚めることを求めて修行し、やがて師・世自在王仏から教えを受け、長い思考ののち人びとを救う四十八の本願を建て、さとりの人・阿弥陀仏と成ったことを「弥陀成仏」といいます。それよりこのかた「いまに十劫をへたまえり」の十劫は、人知では量れない長い時間のことですが、一人の仏教徒が一生涯かけて仏法を聞いたり仏教書に親しみ、しかもそれが全世界の仏教徒に及んだ時、その喜びの時間と深さは到底計算できません。このアミタの法の人びとに染み入るはたらきを十劫が示しています。時間を超えた仏教の竪のはたらきです。

二つはアミタアバーで、無量光のはたらきです。この和讃で、

法身の光輪きわもなく　世の盲冥をてらすなり

と詠われました。法身の法は、真理をいい、それを人びとに知らせるのを身といいます。身には名と言葉が伴いますが、それらのすべてが仏法のはたらきであることを示しています。その智慧の法身のはたらきは、まるで車輪のように止まることなく人びとの世界を駆けめぐり、車輪が石を砕くように、私たちの盲冥、正しい道理を見失った迷いの心を照らして、正しい教えを伝えています。空間を超えた法の横のはたらきです。

このアミタの法の大きな流れの中に、四十八首の和讃をあらわされました。

2

智慧の光明はかりなし
有量の諸相ことごとく
光暁かぶらぬものはなし
真実明に帰命せよ

さとりの智慧の輝きは量ることができない。
すべてに限界をもつ生きとし生けるものは、ことごとく、
暁のようなさとりの智慧を、身に受けないものはない。
永遠に変わらないさとりの智慧を、敬い信じよう。

この和讃は、阿弥陀仏の別号の「無量光」のはたらきが讃えられています。親鸞聖人は『一念多念文意』で「如来は、光明なり。光明は智慧なり」と述べられていますが、仏さまのさとりの智慧から放たれる光明は、広大ではかることができないので無量光と説き、ここではその無量光のはたらきを、阿弥陀仏の別号の「真実明」と示されています。

私たちの日常でもよく使われる真実を、最古の経典の『スッタニパーター』に「真実は不滅である。永遠の理法である」と説かれているところから、真実は永遠に変わらないものと受け止め

ることができます。

また真実の明は、破闇のはたらきのさとりの智慧をあらわします。私たちの迷いの暗夜を破る「光暁かぶらぬものはなし」と、明も光も暁も、さとりの智慧をあらわす文字を挙げて阿弥陀仏無量光の尊さをあらわしています。

永遠に変わることのないさとりの智慧は、すべての人びとにとどき、「有量の諸相ことごとく」を照らし教えてくださっているのです。

さとりの智慧に照らし出された私たちの心身のあり方を、限りがある「有量の諸相」と述べられています。人間は素晴らしい才能、立派な行動をもちますが、反面、だからこその限りある問題や苦悩もかかえねばなりません。

インドへ旅した時のことです。寒村で寄ってきた子どもたちに、あめ玉を上げて満足げだった人が、「こんな治療のできないところで、子どもたちが虫歯になったらどうします」といわれたことを、帰国してからも気にしていました。

人間は才能、行動に誇りをもちながらも、親鸞聖人の法語集『歎異抄』の「おもうがごとくたすけとぐること、きわめてありがたし」のお言葉が、有量の諸相のめざめを促してくださっていることに気づかせていただくことの大切さを、この和讃は教えています。

3

解脱の光輪きわもなし
光触かぶるものはみな
有無をはなるとのべたまう
平等覚に帰命せよ

迷いを解きはなれた、さとりの智慧の輪は際限ない。
この智慧を身に受ける人びとはみな、
有る無いにこだわる迷いを離れる、と述べられている。
有る無い、共に平等と説く仏を、敬い信じよう。

この和讃は、阿弥陀仏の別号の「無辺光」のはたらきが讃えられています。

私たちは、有る無い、良い悪い、好き嫌い、善か悪かといった二辺に分けて、有るのがよい、無いのがよい、とどうしてもこだわった偏ったものの見方をしてしまいます。そして二辺で迷い、悩みをかかえ、さらに他人とは二辺の意見相違で、争いや差別が生まれてきます。

このとらわれる迷いを解き、脱したさとりの智慧のはたらきを、無辺光と表現されました。また二辺ともに平等であることに覚められたさとりの智慧を、差別と偏見のない阿弥陀仏の別号の

「平等覚」と讃えられました。この無辺光・平等覚の教えに遇い、私たちは二辺にこだわることが迷いであることに気づかせていただくのです。

ある家庭で、九十八歳の母の死を縁に仏さまの教えを聞き、信心を喜ぶ人の長男の子が、数か月で死産しました。少しでも人としての命があったのだからと法名も受け、丁寧に仏事を営まれました。若い夫婦もお寺の法座で仏法聴聞しました。しかし、片やめでたき長寿に対してあまりにも悲しき短命ですので、つい比べては愚痴になり悲嘆にくれることもありました。

ある時、長寿の人も短命の人も共に仏縁があるので、阿弥陀仏の教えで考えてみることを勧めました。つい愚痴や悲嘆になるのは人情のゆえで、亡き人を思う気持ちだと思います。しかし愚痴・悲嘆は亡き人を否定し消し去ってしまいます。それに対してあなた方が『正信偈』のお勧めで心安らぎ、ご法話を聞いて喜びを受けたと話されているのは、仏さまのはたらきです。その安らぎと喜びが亡き人の事実を素直に引き受けて、亡き人を仏さまと拝んでいける喜びを与えてくれます。

こうしていただいてみると、九十八歳の人も数か月の命も安らぎと喜びの仏法の上では平等に尊い命なのです。

仏さまのさとりの智慧である無辺光の車輪が迷いを打ち砕いて、悲しさの底に「有無をはなる」静かな慶びをとどけてくださっていました。

4

光雲無碍如虚空
一切の有碍にさわりなし
光沢かぶらぬものぞなき
難思議を帰命せよ

さとりの智慧は、雲が自由自在に大空を行くように、
人びとの一切の煩悩が障りにはならないので、
智慧の輝きと潤いを受けない人はない。
人の思いと言葉の及ばない教えを、敬い信じよう。

この和讃は、阿弥陀仏の別号の「無碍光」のはたらきが讃えられています。人生には、生命の長さと教養・趣味の広さとともに、出来事を味わいとる心の深さのあることを、この和讃は教えています。

仏さまのさとりの智慧の深いはたらきを無碍光といい、親鸞聖人は『尊号真像銘文』に、「無碍というは、さわることなしとなり。さわることなしともうすは、衆生の煩悩悪業にさえられざるなり」と、さとりの智慧は、人びとの煩い悩みやいかなる行いにも邪魔されることなく、私た

ちの思考を超えて、深くにはたらいてくださることが述べられています。

また「わずかなる庭の小草の白露にもとめて宿る秋の夜の月」の西行法師（さいぎょうほうし）の歌のように、さとりの智慧は、大衆の中で群がる煩悩（ぼんのう）をかかえて生きる私に、庭の小草の白露に求めて宿る月のように、「今、心に仏とどく」と書く念仏となって、心深くに宿ってくださっているのです。

深い河は静かに流れ、浅い川は激しい音を立てるように、ちょっとしたことに喜怒哀楽の激しい感情が音を立てたり、日の善（よ）し悪（あ）しや方角の吉凶にこだわったりする落ち着かない生活は、結局、心の深さの問題ではないでしょうか。

さえぎられるものなく大空を行き交う雲のように、さとりの智慧の無碍光のはたらきは、私に人生の出来事を最も深い心で味わいとる慶びをとどけてくださっているのです。

病気のため四歳で両手足を失われた中村久子（なかむらひさこ）さんは、波瀾万丈の人生を「手はなくも足はなくともみほとけの袖にくるまる身は安きかな」「生かさるる　よろこび匂う　春の梅」と多くの歌や句とともに、「業深き身であればこそ、真実、お念仏が申させていただけるのです」と深い静かな輝きと潤（うるお）いの心で歩まれました。

金子大栄（かねこだいえい）先生が「人生のやり直しはできないが、見直すことはできる」と述べられた、見直す知恵が、私にとどいてくださった無碍光のさとりの智慧のはたらきによって与えられるのです。

5

清浄光明ならびなし
遇斯光のゆえなれば
一切の業繫ものぞこりぬ
畢竟依を帰命せよ

煩悩を離れた清らかな智慧は、ならぶものはない。
この智慧に遇うと必ず信心を得るので、
一切の煩悩に繫がり縛られる行いが除かれる、
絶対のよりどころである、仏の智慧を、敬い信じよう。

この和讃は、阿弥陀仏の別号の「無対光」のはたらきが讃えられています。

無対光は、「清浄光明ならびなし」と、清らかなさとりの智慧は、並び対比するものがないほど勝れていることをあらわしています。

そして、遇斯光すなわち、断のさとりの智慧光に遇う私たちに、対比することの愚かさを教えてくださっています。私たちは何かにつけて対比する生活です。比べたものに劣っていれば卑下をし、逆さまに勝れていれば優越感をもちます。やっかいなことに、もし同じであれば、何かと理由をつけて勝れさせて満足しています。

無対のさとりの智慧は、私たちにそれぞれに尊い価値があることに気づかせ、対比する必要のないことを教えてくださっています。

私の孫は小学生のころ、カード遊びに熱心でした。私が赴任先から帰坊(きぼう)するのを心待ちにして、カードを買いにいきました。下の孫は、買うカードをメモして待っていただけに、買い終えると「先に帰る」というと、脇目もふらず一目散に走って帰ります。一緒に歩いていた上の孫が、「早くカードを見たいから」とその理由を教えてくれました。早く見たいのは上の孫も一緒だと、先に帰ることを促すと、やはり走って帰りましたが、何回か立ち止まって振り返り爺を気にしています。

こうなると私の中で、二人の孫の評価が分かれます。上は私を気にする優しいところがあるが、下はやっぱり下やなと。しかしこうした薄っぺらな孫を見る目とあやふやな愛情を、無対光の智慧が照らし出して、比べて見る心の愚かさを教えてくださいました。

振り返って気にする上の孫も、一目散に帰って楽しみたい下の孫も、共に買ってもらった私への謝念をあらわしていたといえないでしょうか。二人にはそれぞれに比べる必要のない、尊い価値が平等にあったのです。私たちの煩悩(ぼんのう)に縛られた狭くて薄い心を打ち破るさとりの智慧を、絶対のよりどころの「畢竟依(ひっきょうえ)」と阿弥陀仏の別号で讃えた和讃です。

6

仏光照曜最第一
光炎王仏となづけたり
三塗の黒闇ひらくなり
大応供を帰命せよ

阿弥陀仏の智慧の輝きは、最も優れて第一であるので、
煩悩を焼き尽くす炎の王の仏、と名付けられた。
地獄・餓鬼・畜生の深い迷いを開いてくださる、
大きな供養を受けるに相応しい仏を、敬い信じよう。

この和讃は、阿弥陀仏の別号の「光炎王」のはたらきが讃えられています。さとりの智慧の輝きを、煩悩を焼き尽くす炎であらわし、王のもつ力にたとえているのは、何とも激しい感じがしますが、智慧のはたらく対象が、私たちの迷いの最も深い、最も激しい苦痛を受ける三塗の黒闇を開き、光をあてることにあるからです。

三塗の黒闇とは、地獄・餓鬼・畜生の迷いの心ですが、仏教ではこれらに堕ちる入り口が私たちの心にあると説きます。

地獄は、地下深くにある極苦の牢獄をいい、八熱・八寒といった地獄が経典に書かれています。これらは片時の落ち着きも安らぎもない、居場所も失った激しい苦しみをあらわしていますが、実はこの世の怒髪・激怒は地獄へ堕ちる入り口かもわかりません。

餓鬼界は、喉が針金の太さしかなくて水を飲むことも食事もできないので、食いたい飲みたいと喘ぐ苦しみの世界で、貪りの心の生活をした報いとして受ける境遇です。貪りとは自分にこだわり自分を中心にする心です。あなたは集合写真ができた時、誰を一番先に見ますか。

畜生は、犬や猫など動物のことです。今や家族の一員ですが、動物は喜びや幸せを自分で作ることができず、与えられるのを待っていますので、傍生ともいいます。私たちも、あれさえこうなったらと、じっと喜びや幸せの来るのを待つ考えは、畜生道への入り口かも知れません。

このように最も深い迷いや苦しみを照らしてくださるので、炎の王のようなさとりの智慧を最第一と讃え、人びとの報謝の供養を受けるに相応しいという意味で、阿弥陀仏の別号の「大応供」と尊ばれました。大応供をお仏供、一般にいうお仏飯で表現しています。お仏供は、仏さまに供えて上げるではなく、供養を受けるに相応しい仏であることを讃えたものです。

ですから、お仏供は盛って用意をして、朝のお勤めをして教えに遇ったのちお備えをし、釈尊の所作にならって昼に下げるのが作法とされています。

7

道光明　朗超　絶せり
清浄　光仏ともうすなり
ひとたび光照かぶるもの
業垢をのぞき解脱をう

さとりの智慧は、素直で最も優れているので、
清らかな智慧の仏、と申し上げる。
ひとたびこの智慧をうけた者は、
乱れた行いと煩悩が除かれ、さとりを得ることができる。

この和讃は、阿弥陀仏の別号の「清浄光」のはたらきが讃えられています。

清浄は、浄土を清浄国土といわれるように、仏さまの教えの中でも、最も中心となる重い意味をもった言葉です。

清は、透き通ってありのままにものが見えることをあらわし、浄は、煩悩のない浄らかな心で明朗で勝れ、超絶したさとりの智慧をあらわしています。清の対語は、不透明な濁、浄の対語は、けがれの穢で、私たちは、心を悩ませかき乱す煩悩の穢・けがれが、ありのままにものが見えな

い原因となっています。例えば嫌いな人の笑顔は美しく見えません。また愛する人はすべてが可愛く見えるのは、この心のなせるわざです。

私たちの心身を煩(わずら)わせ悩ます、百八の煩悩を作り出す根本になる煩悩を、時には生命や健康を害するので三毒(さんどく)の煩悩といいます。三毒とは、貪欲(とんよく)――自分を中心として一切を評価し、かなうものを愛する心、瞋恚(しんに)――かなわないものに憎しみいかる心、愚痴(ぐち)――正しい道理が判らない心ですが、清浄光はこの内の貪欲心を照らし治めてくださるはたらきをしています。よく、一番可愛いのは自分だといいますが、一人ひとりがその可愛い自分にかなうものは愛し、そこなうものを憎しむ心で生活しているのですから、当然混乱や争いが生まれます。仏さまは、まずこの心を照らし「ひとたび光照(こうしょう)かぶるもの」が煩悩にまみれた業垢(ごうく)に気づくことを願われているのです。

その仏さまの願いである清浄心を具体的にあらわしたのが、仏さまのお華です。

一般には、花は死者に手向(たむ)け供えるものとされていますが、私たち真宗で用いる仏華(ぶっか)は、華を立てる、立華といってまったく意味が異なります。自分を中心として一切の評価をしていく私たちの貪欲心を照らし治めてくださる、仏さまの清浄心をあらわしています。だからお華は、前卓(まえじょく)という美しい机に、私たちに向けて置かれているのです。造花は避けて、仏さまの清浄明朗心をあらわす清らかな明るい立華に心がけたいものです。

8

慈光はるかにかぶらしめ
ひかりのいたるところには
法喜をうとぞのべたまう
大安慰を帰命せよ

慈悲の智慧が、はるかにへだたった人びとをつつみ、
この智慧が至りとどくところには、
仏法を聞くことで受ける喜びを得る、と述べられた、
大きな安らぎといたわりの仏を、敬い信じよう。

この和讃は、阿弥陀仏の別号の「歓喜光」のはたらきが讃えられています。

歓喜を、ここでは法喜と述べられています。

歓喜を、浄土真宗の根本の経典である『仏説無量寿経』に、「信心歓喜」と説かれていますので、信心によっていただく身のよろこびを歓、心のよろこびを喜、とあらわしています。この歓喜のさとりの智慧からとどけられた喜びを法喜と申されました。

そして歓喜のはたらきの元は、親が子にかける深い愛情を、一切の人びとにまで広げて、すべ

ての人に注がれる仏さまの慈悲心にあることを、「慈光はるかにかぶらしめ」と詠われました。

私の母は九十歳で亡くなりました。晩年は認知症がでて、元気なころの本願寺や別院へお参りする喜びも、俳画を描く喜びも、わが子の家を訪ねる喜びもすべて忘却した日暮らしでしたが、たった一つ、生涯を貫いた喜びがありました。それは朝夕の本堂でのお勤めでした。お数珠をもってお念仏を称えて本堂に行き、また帰ってきます。時には今帰ったのにもう一度行くおあさじ二回もありましたし、お勤めを間違うこともありました。だが信心からいただく法喜は、確かなものでした。すべての喜びを失った中からたった一つ残った法喜は、まさに阿弥陀仏の別号の「大安慰」、大いなる安らぎといたわりの「歓喜光」のお約束だったのです。

仏さまの慈光は、私たちの生き様を超えて、すべての人をつつみとってくださっています。

「法喜をうとぞのべたまう」はたらきを、具体的におかざりしたのが、仏前に焚く香です。お寺でも家庭でも線香を燃し香を焚きますが、爽やかな香りを通して喜びをとどけてくださる仏心のはたらきを讃えた、厳かなるおかざり、すなわち、お荘厳であります。さとりの智慧のはたらきを讃えるのですから、上卓や前卓という美しい机に香炉を置くのです。

お香には、沈香や白檀などの香木を焚くのと線香を燃すのと二種類ありますが、できるだけ良い香りのものを用いたいものです。

9

無明の闇を破するゆえ
智慧光仏となづけたり
一切諸仏三乗衆
ともに嘆誉したまえり

正しい道理で暗い迷いを打ち破るので、
智慧の輝く仏、と名付けられた。
一切の多くの仏たちと菩薩たちは、
ともに、さとりの智慧をほめ讃えられている。

この和讃は、阿弥陀仏の別号の「智慧光」のはたらきが讃えられています。智慧は、さとりを説く仏教の最も中心となるはたらきで、本願も慈悲も念仏も信心も、すべて智慧を根本としています。さとりの智慧は、現れた事実やものごとの正しい理由を確認し、冷静にすじみちをおし量り、そして判断する心のはたらきを指しています。

例えば、私たちが一番嫌がって避けている生老病死を、仏教では四苦と説いて、この苦を、ただ嫌だと感情的に見るのではなく、なぜ苦が起こるのかと、なぜこれらが苦になるのかと、冷静にすじみちを立てて、苦を離れる確かな道を明らかに判断されました。私たちは老・病・死が苦の種だと考えて、それらをかかえた生も苦だと思っています。だから苦を薄めるために楽を増やそうと、政治も経済も文化教育も努力をしています。もちろんそれらも大切なことですが、さとりの智慧は逆に苦を離れる道を内へ内へと求めました。

苦の原語を直訳すると、思うようにならないという意味ですが、生老病死はいずれも、思うようにならないものなのです。それを自分の思うようにしようというわがままな思いが、私を苦しめていたのです。正しい道すじを離れたわがままな心を、無明心と説かれました。まさに「無明の闇を破するゆえ」に「智慧光仏となづけたり」であります。

無明心を照らすさとりの智慧を表現しているのが、お内仏（仏壇）の蠟燭の明かりです。さとりの智慧は、世間で長寿と言われる亀や鶴や蓮をも超えた無量寿を示し、泥池の亀も天に舞う鶴も、蓮の花も泥も、それぞれに価値あるものとして生かされる無量光であることを、智慧の灯火が教えています。蠟燭の明かりは、さとりの智慧をあらわしますので、前卓という美しい机に置かれています。そしてお勤めの間だけ灯し、平素は木蠟を立てておきます。

さとりの智慧を、浄土の人となった諸仏・菩薩・聖者たちがほめ讃えているのですから、私たちも蠟燭をともしお勤めをして智慧光仏を讃えているのです。

10

光明てらしてたえざれば
不断光仏となづけたり
聞光力のゆえなれば
心不断にて往生す

さとりの智慧は、人びとを照らして絶えないので、絶え間なくはたらく仏、と名付けられた。仏の智慧の偉大な力を聞くことでいただく信心なので、人びとの信心も絶えることなく、浄土に往き生まれる。

この和讃は、阿弥陀仏の別号の「不断光」のはたらきが讃えられています。「不断」には、「たちきる」と「ことわる」という二つの意味があります。仏さまが私たちに正しい道理に気づいてほしいとかけられた願いは、場所や人や時代によって、仏さまの方から断ち切ることはないはたらきであることを不断であらわし、人びとがどのような境遇や生き様であっても、仏さまの方から断ることがないことを不断であらわされました。このはたらきを「光明てらしてたえざれば」と詠われました。

不断光であるさとりの智慧のはたらきを聞かせていただく「聞光力のゆえなれば」、私たちに信心不断の喜びが与えられるのです。しかも、死ですべてが終わるという、断ち切られた真っ暗な先へ向かって歩く人生ではなく、親鸞聖人が『唯信鈔文意』に「信心をうればすなわち往生す」と述べられたように、仏さまのまことの心を聞いていただく信心によって、さとりの智慧の世界である浄土に、信「心不断にて往生す」と、往き生まれる開かれた人生を教えてくださっています。私たちに、死で終える断の人生ではなく、浄土へ往き生まれる死を超えた不断の人生をとどけてくださっているのです。

かつて、自坊の前にキリスト教会が新しく開設された時、挨拶に来られた牧師さんに、「あなた方から見られて、寺院の良いところは何ですか」と質問したのに対して、「二つあります。一つは住職さんらが家庭にお参りに行って、家族の方とお話ができることが素晴らしいことだと思います。もう一つは老人が多くお寺にお参りに来られることが尊いことだと思います」と答えられました。

私が、二十三歳で住職襲職したのを記念に開いた月一回の聞法会に、五十八年間、今なお聴聞が続いている人が数人ありますが、生涯を一貫して仏法に親しんだ信心不断の人であり、さとりの智慧の「不断光」のはたらきに生きた尊い人といえるのではないでしょうか。

11

仏光測量なきゆえに
難思光仏となづけたり
諸仏は往生嘆じつつ
弥陀の功徳を称せしむ

さとりの智慧は、人びとがおし量ることができないので、思うこと難しの智慧の仏、と名付けられた。多くの仏は、浄土に往き生まれることをほめ讃えながら、阿弥陀仏の優れたはたらきの念仏を称えている。

この和讃は、阿弥陀仏の別号の「難思光」のはたらきが讃えられています。仏教に説かれている言葉で、日常的に使われている言葉がたくさんあります。しかし、仏教本来とはかけ離れた意味で使われている場合が多々あります。

その一つが往生です。

「雨に降られて往生した」とこぼす往生は、一般の国語辞書では、死ぬこと、困りはてることと記されています。おそらく往生とは死ぬこと、死ぬことは困ったことなので使われたのだろうと思います。死はガツと読む歹＝ばらばらになった骨と、ヒ＝人で、人は死んで骨がばらばらになるので、死は終わる、無くなる、尽き果てるの意味になり、わが人生ジエンドになります。こつこつと積み重ねるように歩んできた人生の最後が、終わり、困り果てたで閉じるならば、生もまた真っ暗になってしまいます。これでは確かに困り果てたことです。

しかし死と往生はまったく意味が異なります。

仏教本来の往生は、往き生まれるという意味で、親鸞聖人が『尊号真像銘文』に、「往生というは浄土にうまるというなり」と述べられているように、煩悩を離れた清らかなさとりの浄土に往き生まれるのですから、死の問題を超えた清らかな世界への出発になります。

往き生まれる浄土は、無我の世界です。「我」の原語を直訳すると息をする者という意味です。息をする限り、私の人生を成り立たせているのが我です。我を張り、我を通し、我にこだわる心が差別や闘争を生みます。息をする者の我は、死によって消滅します。そして無我の清らかなさとりの境地、すなわち浄土に生まれるのです。

すでに往生浄土を遂げた諸仏が、往生浄土をほめ讃えて、人の思いでは量り難い、難思光の阿弥陀仏の優れたはたらきである功徳によって開かれた往生浄土の道を称讃されています。

仏さまの教えを聞き喜ぶ信心の人は、すでに往生浄土の道を歩んでいるのです。

12

神光の離相をとかざれば
無称光仏となづけたり
因光成 仏のひかりをば
諸仏の嘆ずるところなり

さとりの仏は、消滅変化のすがたを離れた方、と説くので、讃える言葉もない智慧の仏、と名付けられた。智慧を因としての、仏と成るはたらきを、すでに多くの仏と成った人が、ほめ讃えている。

この和讃は、阿弥陀仏の別号の「無称光」のはたらきが讃えられています。ここに詠まれる神光の「神」は不測の義で人知で測れない、「光」はさとりの智慧をあらわします。私たちの世界は一切の例外なく形あるものは因と縁によって形を変え移り変わりますが、これを仏教では有為消 滅の相といいます。人知を超えたさとりの智慧は、人びとの迷いの有為消滅の相を離れたはたらきを「神光の離相」と述べられました。

よって離相は、有る無いにこだわり苦しむ煩悩の燃えさかる火を消し尽くした、さとりの智慧を完成した境地、すなわち涅槃（ねはん）をあらわしています。

これは、私たちがどれだけ言い尽くしても、どれほど書き尽くしても、あらわし尽くすことができずに、ただただ讃えるばかりですので、阿弥陀仏を無称光と申されました。

尽くす言葉なし、しかし沈黙もできない無称光さまです。

この和讃に、三回も述べられている光は、光明（こうみょう）ともいわれ、阿弥陀仏のさとりの智慧をあらわす言葉です。光には、二つのはたらきがあり、一つは照らす、二つは育てるはたらきです。私たちの問題のありかを正しく照らし出し、そうだったと気づいた心を、さらに仏さまの教えを聞かせていただこうという信心にまで育ててくださるはたらきが、阿弥陀仏のさとりの智慧であります。

仏教では、この世を有為消滅の相、すなわち因縁（いんねん）によって常に変化していくと説いています。例えば、人は生まれたことを因として、重ねる年数を縁に青年、壮年、老人と果（か）を受けます。しかし生の因を得ても、事故や病気の縁によって老人に至らないこともあります。自坊（じぼう）で法務の時、中学生の孫の着物が見るごとに短くなり、爺の着物はだんだん長くなります。因縁による有為消滅の相です。そうと判っていながら、わがことになると寂しいのです。この大法則から、わがことだけを外そうとするわがままな心を、仏さまは照らしてくださっています。

人間成就された仏さまの智慧に照らし出された、わが心のあり方を聞き続けたいものです。

13

光明月日に勝過して
超日月光となづけたり
釈迦嘆じてなおつきず
無等等を帰命せよ

仏の智慧は、夜の月昼の日よりも勝れているので、
日と月を超えたはたらきの仏、と名付けられた。
釈尊がほめ讃えても、今なお説き尽くせない。
等しく等しいものがない仏を、敬い信じよう。

この和讃は、阿弥陀仏の別号の「超日月光」のはたらきが讃えられています。

日の輝きは有り難いし月の光も美しいですが、日は夜に月は昼にははたらきを失います。それに対して、昼夜にかかわりなくはたらいてくださるさとりの智慧を、超日月光と表現されました。

時間も場所も、すべてを超えてはたらいてくださるさとりの智慧だからこそ、阿弥陀仏は何処ででも直ぐに出遇え、しかも称えやすい念仏として私にとどいてくださっています。

こんな話が伝わっています。

合掌造りで有名な富山県五箇山の赤尾道宗は、蓮如上人から教えを受けた熱心な念仏者でした。昼夜にわたる念仏のはたらきを忘れないために、毎晩割木の上に寝床をとって、寝返りをうつたびに念仏を称えたと、今も合掌造りの本堂の道宗開基の行徳寺に伝わっています。

また最近、新聞の投書欄に、「春日より　念仏も出る　万歩計」とウォーキングしていると春の日差しに誘われて念仏が出ました、という喜びの句が目にとまりました。

それぞれの時代に、さまざまなところで、超日月光の念仏のはたらきを喜んでいる人のいることに、心温まりました。

また、日や月が輝いていればたとえ雲霧に覆われてもその下は真っ暗闇にならないように、私たちが身の苦しみ心の悩みの煩悩のただ中にあっても、超日月光のさとりの智慧は常に私たちの心のあり方を教えてくださっている明るさがあります。

私たちの生をあらわす息をする者は、我ともいわれています。我にかなうものは愛し、我に逆らうものは憎むというように、愛憎・善悪の判断の基準となる我からは、息をする者である限り、離れることはできません。しかし私の中で私を動かす心に気づかせていただいた喜びは、さとりの智慧がとどけてくださった、雲霧の下の明るさです。この仏を、他に等しいと比べられる等しいものはないので、阿弥陀仏の別号で「無等等」と讃えられました。

14

弥陀初会の聖衆は
算数のおよぶことぞなき
浄土をねがわんひとはみな
広大会を帰命せよ

阿弥陀仏の最初の説法の座に集まった菩薩たちは、
数えることができないほどの数で、
さとりの浄土を願う人は皆、
広大なる集会を教え導く阿弥陀仏を、敬い信じよう。

阿弥陀如来の永遠に変わらない浄土の教えを、釈尊が多くの仏弟子に説かれて以来、浄土の教えを人生のよりどころとし生活の中心とする、「浄土をねがわんひとはみな」の集まりが、浄土真宗を生み出しました。

浄土は、阿弥陀仏のさとりの智慧によってかざられた、美しく清らかな国土のことです。私たちの「あのひと言がわすれられない」と、一瞬を生涯の悩みにするこだわる心、自分の考えや意見は正しいともつ自信が我執へと深まる心、そこから対立や争いが始まることにも気づかない煩悩の迷いを離れ、一切のものをありのままに見ることのできる、心浄ければ国土また清しの意味で、浄土を清浄国土といわれます。その浄土でさとった数えられないほど多くの仏たちが、この世の数えきれない人びとを教え導いてくださる阿弥陀仏の別号の「広大会」すなわち大きなはたらきの世界を、浄土といいます。その浄土に初めて出遇う喜びを、初会といわれました。

孫が二歳ぐらいの時、私の書斎に来て書棚の本の字を指して「これ何の字?」と尋ねたのに「それは、の」と答えると、次に来た時に「これは、の、やな」と嬉しそうに指さしたのを覚えています。新しいものに出会って、それが身についた喜びです。

ましてや生活の中心となり、人生のよりどころとなる教えの上での出遇いは大きな喜びです。地方へご法話に出講した時、老婦人が「阿弥陀経のこのご法話は初めて聞かさせていただきました。感動しました」と嬉しそうに語られていました。私たちも仏法の書物を読んだり法話を聞かせていただきながら、言葉を通して初めて出遇う味わいに感激することが多々あります。また一つの言葉が理解できないで苦しみながらも、はっきりとうなずくことができた時の新たな感動も、しばしば経験します。七十で読んで初めて判る本もあります。こうした仏道を歩む者が、初めて受ける感動、あらためて出遇う喜びを「初会の聖衆」という言葉で示されたと、私は理解しています。この初会の感動は私の人生だけでも「算数のおよぶことぞなき」です。

15

安楽無量の大菩薩
一生補処にいたるなり
普賢の徳に帰してこそ
穢国にかならず化するなれ

安楽浄土の無数のさとりの菩薩たちは、
一生を終えると必ず仏となる最高の位につく。
そして阿弥陀仏の慈悲心に従って、
煩悩に穢れたこの世で、必ず人びとを教え導く。

菩薩は、仏さまの教えの中でも、よく親しみ馴染んだ言葉の一つです。

菩薩は、どういう人なのでしょうか。

菩薩は、サンスクリット語のボーディ・サットバーを漢字で菩・薩とあてた言葉で、自らさとりを求め、人びとを教え導く人のことです。また菩薩を、浄土真宗根本の経典『仏説無量寿経』に、〝仏の説法を聞いて心に悦びをいだく人〟と説かれています。そして菩薩には、大きなる心の人の大士、また仏法の王子の法王子など、多くの名称が用いられています。

浄土真宗伝承の第三祖・曇鸞大師は『浄土論註』で、三種の菩薩のすがたを説かれています。
一つは、未証浄心の菩薩。親鸞聖人が『御消息集』に「信心の人はその心すでに浄土に居す」といわれますが、残念ながら身がいまださとれない人のことです。しかし聖人が『唯信鈔文意』に「信心すなわち仏性なり」と述べられるように、未証浄心の菩薩は、やがて必ず浄心の菩薩となる喜びをいただくのです。

次に、浄心の菩薩です。往き生まれたさとりの浄土で、心も身もさとりを得た人のことです。この心で私たちの亡き人を見ると、菩薩と仰ぐことができます。

最後が、上地の菩薩です。自らはさとりの仏と成り、他には親がひとり子に注ぐ愛情と同じように、平等にすべての人びとを慈しむことができる人のことです。煩悩多き穢国であるこの世に還って、人びとを教えに導く普賢菩薩のはたらきをする人をいいます。

上地の菩薩とは、観音菩薩や地蔵菩薩といった、多くの人を教え導くはたらきにより世の人が尊敬する菩薩のことです。

そして、菩薩は必ず仏と成る候補者であることを、〝一生を経て仏処を補う位にいたるなり〟と述べられました。

菩薩のはたらきを讃えられた和讃です。

16

十方衆生のためにとて
如来の法蔵あつめてぞ
本願弘誓に帰せしむる
大心海を帰命せよ

あらゆるところにいる多くの人びとのために、
菩薩は如来の教法を一身に集めて、
阿弥陀仏の弘い本願に人びとを導く。
阿弥陀仏の大海のような心のはたらきを、敬い信じよう。

この和讃では、阿弥陀仏のはたらきを「大心海」で言いあらわされました。

海といえば、まず広い、大きい、深い、さらにのどかな静けさ、一転して荒れ狂う恐ろしさなどを想像します。こうした海がもつすべてのすがたで、親鸞聖人は信心を表現されました。

それは、浄土真宗の教えを体系づけた根本の聖典『教行信証』で、九十四回にわたって海が著されています。釈尊教説の『仏説無量寿経』には十回、『仏説観無量寿経』には二回、『仏説阿弥陀経』には零と、いずれも回数少なく、しかもほとんどが大海と表現されているのに対して、親鸞聖人は多様な用い方で、信心を海にたとえられています。

インドの内陸で生活した釈尊に対して、親鸞聖人の独自の海の表現は、三十五歳で受けられた念仏停止の法難で、日本海を舟で越後へ渡ったと伝えられる実体験と、海辺に六年近く滞在された経験にもとづく表現であろうと推察できます。

九十四回にわたって表現された海は、大きく分類すると三つに分かれます。

一つは、海の広大で深くおだやかな様子を目の当たりにして、あらゆる人びとにかけられた仏さまのはたらきを、大心海・本願海・大智海などと表現されました。

二つは、その地方の生活に染まった川の水も、深遠な海に入れば一味となるように、阿弥陀仏の深い教えによって、差別も強弱も穢れもない、共にさとりの浄土に至る信心の喜びを、大信心海・海一味・信海などと示されました。

三つは、ひたひたと打ち寄せる、そねみ・ねたみに波立つわが心、腹立ち・怒りで荒れ狂うわが心のあり方を、仏さまの言葉に出遇う信心によって気づくことのできたわが身を、群生海・愛欲の広海・愚痴海などで述べられました。

人びとを必ずさとらせたいとの阿弥陀仏の大きな願いと誓いで信心の喜びへと誘われるさとりの智慧を、阿弥陀仏の別号の「大心海」と讃えられました。

17

観音勢至(かんのんせいし)もろともに
慈光(じこう)世界を照曜(しょうよう)し
有縁(うえん)を度(ど)してしばらくも
休息(くそく)あることなかりけり

慈悲(じひ)の観音(かんのん)・智慧(ちえ)の勢至(せいし)がともにそろって、
慈悲と智慧で世界を照らして、
縁ある人びとを救うために、しばらくの間も、
休まれることはありません。

阿弥陀仏(あみだぶつ)の心に、二つのはたらきがあります。一つは慈悲(じひ)、二つは智慧(ちえ)です。

慈悲は、深い愛情で人びとを慈(いつく)しみ、苦しみを共に悲しむ心で、人格としてあらわしたのが観音菩薩(かんのんぼさつ)です。

智慧は、正しい道理に覚(めざ)めた智慧が言葉となって人びとにとどいて教え導く勢いで、人格化したのが勢至(せいし)菩薩です。

阿弥陀仏の心のはたらきを、あえて形にあらわした時は、阿弥陀仏につきそう脇士(きょうじ)として、左

に観音菩薩、右に勢至菩薩が立ちます。これを「弥陀三尊」と呼んでいます。

しかし真宗の本尊・阿弥陀如来は脇士を従えず一人で立たれています。また本願寺第三代・覚如上人は、宗祖親鸞聖人『御伝鈔』に〝念仏の道を歩む人は、思い違いをしても、観音・勢至の脇士に仕えることがあってはならない。直接に阿弥陀如来を仰ぎ尊ぶこと〟と説かれています。

このお示しは、観音・勢至両菩薩を否定したのではありません。両菩薩は、あくまで阿弥陀仏の人びとにかけられた願いである本願を尊び、本願のはたらきを助ける脇士ですから、本願を背負うて立たれた阿弥陀仏を尊ぶことで、二菩薩を尊ぶことになるからです。ですから、直接に阿弥陀如来を尊ぶべきだと説かれているのです。

また慈悲を愛、智慧を知ともいえますが、愛は知によって昇華し、知は愛によって完成します。子どもを育てるのも、愛のない知は虐待になり、知のない愛は溺愛になります。愛と知は「もろともに」はたらいてこそ、ものごとが完成するのです。

私たちの信心も同じことで、優しい慈悲の観音と教えの勢い厳しい智慧の勢至の二菩薩が「もろともに」はたらいて、正しい信心が成り立つのです。なのに観音・勢至を外にあらわすと、わがままな心で、つい優しい観音さまに心がなびき、正しい信心を見失ってしまいます。

阿弥陀仏は、私たちに正しい信心に生きよと、一人で立たれているのです。

18

安楽浄土にいたるひと
五濁悪世にかえりては
釈迦牟尼仏のごとくにて
利益衆生はきわもなし

安らかな楽しみを受ける、さとりの浄土に生まれた人は、
五つの迷いに乱れたこの世に帰ってきては、
釈迦牟尼仏のように、
人びとを救うはたらきに、限りがない。

ここに説かれる五濁悪世とは、五つの心の濁りのことで、その心で作り出す乱れた世相のことです。

釈尊の説かれた『仏説阿弥陀経』に、五濁を劫濁・見濁・煩悩濁・衆生濁・命濁と具体的に説かれています。

①劫濁……劫とは時代のことで、昔は主従関係で個が埋没し、現代はマス・量に個が埋没するといった、その時代が作るさまざまな苦悩や問題、さらに戦争、天災地変、流行病などの恐怖心

をかかえていかねばならない世相をいいます。

②見濁……見は意見、見解のことです。自分の考えや意見をもつことは大切なことですが、ともすると、かたくなに他の意見を聞きいれない邪見(じゃけん)になります。経験・勉学・財産などが豊かになれば、邪見が強くなり、断絶・闘争が生じます。

③煩悩濁……身の煩(わずら)い、心の悩みを引き起こす精神作用を煩悩といいます。その数は百八とも八万四千ともいわれますが、それを生み出す根本となる激しい煩悩は、自分を貪(むさぼ)り愛する貪愛(とんあい)、その自分にそぐわないものを憎む瞋憎(しんぞう)、なのに正しい道理が判らない愚痴(ぐち)、の三つです。

④衆生濁……一つの問題が解決すれば、そこからまた次の問題が生まれ、繰り返し繰り返しさまざまな苦悩をかかえながら、つい目前の問題に迫られて、苦悩する心のあり方を尋ね求めることを見失った人のことです。

⑤命濁……戦争や腹立ちや利害で人を殺す、趣味で鳥獣を殺す、開発で樹木を伐採する、といったことが、当たり前のように行われています。命とは、そのものだけがもつ価値のことです。

五濁の中に生きながら、いただいた念仏のはたらきで「安楽浄土(あんらくじょうど)にいたるひと」が「五濁悪世(ごじょくあくせ)にかえりては」、私たちに五濁の心に気づけと、仏法をとどけてくださっているのです。

この心でお祖父ちゃんの○回忌の法事がお勤めできれば意義ある法事になります。

19

神力自在なることは
測量すべきことぞなき
不思議の徳をあつめたり
無上尊を帰命せよ

さとりの智慧のはたらきが自由自在であることは、
人びとのおし量れるものではない。
人の思いや言葉を超えたはたらきが集められた、
この上なく尊い仏を、敬い信じよう。

この和讃は、阿弥陀仏の自由自在に人びとを救う、障りのないはたらきを讃えています。

「神」は、不測で人知で測れないこと、「力」は人知の及ばない不思議のことをいい、「神力自在なることは」まさに「測量すべきことぞなき」であります。

親鸞聖人は『教行信証』に、浄土真宗伝承の第一祖・龍樹菩薩の『十住毘婆沙論』の言葉を引用して、阿弥陀仏の自在のはたらきとして〝一つに飛行心に随う、二つに変化ほとりなし、三つに所聞無碍なり、四つには衆生の心を知る〟の四種を説かれています。自在のはたらきを、念仏自在と受け止めてみてはどうでしょうか。なぜならば、四種の自在は如来よりたまわった大行である南無阿弥陀仏の名を称えることを説かれた中に述べられているからです。

念仏自在のはたらきの一つは、念仏は飛行自在である。念仏こそ無量、すなわち過去・未来・現在の三世にわたって永遠に変わらないはたらきであることをあらわしています。国の統治が、人間の生活が、いかなる形になっても、時代を貫いて自在に人びとを救うはたらきは、念仏であることを明らかにされました。

二つは、念仏の変化ほとりなしである。念仏こそ無辺、すなわち善も悪も、喜も悲も、大も小もすべてが平等であり、私を生かすものであったことを説き、念仏往生は老若男女に平等のはたらきであると示されました。

三つは、念仏は、所聞無碍である。念仏こそ無碍、すなわち閉じることなく遮られることなしに、念仏は仏法を聞く人の心深くにとどくはたらきであることを述べられました。

四つは、だからこそ念仏は身を煩わし心を悩ます私たち衆生の心を知り尽くすこと自在なのです。

自由自在の阿弥陀仏こそ、人びとに寄りそい護る念仏であり、そのはたらきをこの和讃では「無上尊」と讃えられました。

20

安楽声聞菩薩衆
人天智慧ほがらかに
身相荘厳みなおなじ
他方に順じて名をつらぬ

安らかな楽しみを受ける、浄土のひじりや菩薩たちや、
人や天人の心はさとりの智慧で明るく、
身は、美しく金色にかざられて、みな同じであるが、
人間界にしたがって、それぞれに名を付けている。

さとりの浄土へ人びとを乗せて運ぶ五種類の乗り物を、仏教では五乗といい、乗る人を人乗・天乗・声聞乗・縁覚乗・菩薩乗といいます。阿弥陀仏のかけられた願いの本願によって浄土に往き生まれる乗り物は、五種の人が等しく救われる教えですので、五乗斉入といいます。

この和讃では、人・天・声聞・菩薩の四人の名が出ています。縁覚さんだけが除け者のようですが、仏の声を聞いてさとる声聞と世の動きで因縁を独りでさとる縁覚は、共に自己の救われることだけを目的とする出家のひじりのことで、この和讃では声聞の中に縁覚を含めて表現されて

います。

五乗は、それぞれに立つ位置が異なります。安楽浄土の、声聞・縁覚は自己のさとりを開くことだけを目的として聖者となった人のことです。菩薩は道心衆生(どうしんしゅじょう)ともいい、自ら仏に成る道を歩みながら他の者にも教えを伝える仏子(ぶっし)のことですが、すでに安楽浄土の人となった、この二乗の人の勝(すぐ)れた心の輝きは、同じ安楽を求めていても人・天とは異なります。人間は安楽を生み出す素晴らしい才能をもちながら、生み出してみれば、その中に必ずひそむ問題で苦悩します。例えば原子力発電、然りです。また天人は、安楽に輝く環境に酔いしれて、真実のさとりは開けず今受けている喜びが衰退していくのみとでは、やはりそれぞれに立場が異なります。

さらに、声聞・縁覚と菩薩は、阿弥陀仏と「身相荘厳(しんそうしょうごん)みなおなじ」で、金色にかざられ厳(おごそ)かな身の相(すがた)であります。それなら一々名を付けずに一括の表現でよいように思いますが、私たちの世界は、名は体をあらわし、環境をあらわし、他人と私を結ぶ大きな役目をもっていますので、浄土からいえば他方であるこの世の習わしに順じて、仏さまや菩薩、そして先祖たちにそれぞれに名が付けられているのです。

真宗門徒(もんと)は、仏道を歩む仏弟子としての名・法名(ほうみょう)を生存中に受けて、仏さまが認めてくださった名として、大切にしたいものです。

21

顔容端正たぐいなし
精微妙軀非人天
虚無之身無極体
平等力を帰命せよ

仏の顔や身のととのいは、他に比べるものがない。
こまやかでしなやかな身体は、人や天人は到底及ばない。
このように色や形を超えたのは、覚った法の身だからで、
すべてが平等のはたらきである仏を、敬い信じよう。

この和讃は、難しい漢字が並びますが、仏さまの美しい清らかなすがたが説かれています。

仏教では、人間を支えている心をアートマン、息をするものといい、我と訳しています。息をする限り、我の人生です。自分の都合でいい雨になったり悪い雨になったりと、我によって判断処理しますので、笑顔になったり怖い顔になったりと、ぎこちないすがたに変貌します。

しかし、我の息も止まり騒々しい煩悩を離れて、無我なる清らかなさとりの身となると、自ずから「顔容端正たぐいなし」と顔かたちが整い、人を抜け出たような天人でも到底及びもつかな

い、「精微妙軀」の優れてしなやかな容姿になると述べ、なぜならば、「虚無之身無極体」となるからと説かれています。

浄土真宗 根本の経典『仏説無量寿経』に、「みな、自然虚無の身、無極の体を受けたり」と示し、「みな受けたり」ですから、老若男女一切が平等に受けることができる、阿弥陀仏の別号の「平等力」のはたらきです。虚無の身、無極の体とは、色もなく形もない、無我のさとりを身体であらわし、私たちの迷いを打ち破る極まりないはたらきの法輪の体であることを述べています。そして念仏往生を遂げた人は、阿弥陀仏と同体のさとりを開くことを説かれています。

この和讃では、さとりの智慧を、顔容・妙軀・虚無身・無極体と身体で表現されています。もとより、さとりとか智慧は、色も形もない真理のことですが、形をとらないと存在が確認できない人間の基準に合わせて、あえて形で表現されています。しかし身・体ともに、なかみ・本体の意味がありますので、形を通して伝える内容を、確かに受け止めなければならないと思います。

親鸞聖人が『御消息集』に、「信心の人はその心すでに浄土に居す」と心の安らぐ道を示してくださいましたが、さとりの邪魔をするのが身です。判ってはいるのですが、やめられないのは、ほとんどは身の問題です。その身が荘厳され、さとりの身となるのが、浄土のさとりであることを教えている和讃でもあります。

22

安楽国をねがうひと
正定聚にこそ住すなれ
邪定不定聚くにになし
諸仏讃嘆したまえり

安楽を受ける国・浄土に生まれたいと願う人は、往生が正しく定まる真実の信心の人とならねばならない。自力信心の人、自力他力に迷う人は、安楽国に居ない。と往生を遂げた多くの仏たちが、ほめ讃えている。

安楽浄土に往き仏と生まれたいと思うのは、真宗門徒の願いです。この和讃は、無我の人間成就を果たす浄土に往き生まれる信心のあり方を、三つに分類して説かれている、浄土真宗の根本の経典『仏説無量寿経』をよりどころとしています。

まず、正定聚です。往生が正しく定まった位置に立つとともがらのことで、一筋に念仏道を歩み、阿弥陀仏の教えを聞き、まことの信心を得た人のことです。親鸞聖人は『末燈鈔』に「信心のさだまるとき、往生またさだまる」と示されました。人間成就の往生浄土を願う人は、今ここで、正しく心の定まったものとなることを勧められています。

次に、邪定聚の邪は、自力の人のことです。煩悩によってありのままにものが見えないでさまざまな迷いや苦悩をかかえていながら、その煩悩を基本とした自力でもろもろの善や多くの行を積んで、阿弥陀仏の開かれた浄土に生まれたいと願うことに、大きな矛盾があることに気づかない人のことです。

また、不定聚とは、阿弥陀仏がすべてのはたらきを込めて差し向けてくださった念仏であったと心が定まらないで、わが力で称えて往生を遂げようとする自力念仏者のことです。結局は、仏智を疑う心であることに気づかない人のことです。

そして「邪定不定聚くになし」といわれたのは、邪定・不定の人は浄土へは入れないという、排除の言葉ではなく、往生浄土という人生の総決算に際して、なお自力の邪定・不定の問題が残っていることは、結局は自分の中の矛盾に一生涯気づかずに歩んできたことになります。それは邪定・不定のもとである自力は我に立ったものの見方・考え方ですので、すべてに限界があり、狭さのあることに気づくことを促された言葉と、私はいただきました。

だからこそ、この阿弥陀仏の教えによってすでに往生浄土を遂げた「諸仏讃嘆したまえり」と結ばれたのです。

23

十方諸有の衆生は
阿弥陀至徳の御名をきき
真実信心いたりなば
おおきに所聞を慶喜せん

あらゆるところのすべての人びとは、
無上のはたらきの南無阿弥陀仏の御名をきいて、
永遠に変わらない信心が私に至りとどいた時、
おおいに聞くことでいただく慶びを得るのである。

おおよそ宗教で信心を説かない宗教はありません。
問題は、その信心のあり方です。宗教が救うことを目的にした人間には二つの問題があります。一つは、生活の上にあらわれ経験する、例えば病気・金銭・人間関係といった問題です。これを救う対象にした「信心すれば病気が治る。商売が繁盛する」と説く信心もあり、それで救われる人があるならば、それはそれで良しですが、この信心は人間の願い、欲望の延長線上にあるので、私の回心――心をひるがえすという、一大転換はありません。

二つは、生まれた時からかかえている人類永遠の課題である生まれた意義、生きる喜び、生老病死の苦悩といった問題です。これに応えている信心が、この和讃に示された浄土真宗が説く「真実信心」です。

釈尊は最古の経典『スッタニパータ』で、「真実とは不滅である。永遠の理法である」と説かれ、親鸞聖人は『一念多念文意』に、「真実は阿弥陀如来の御こころなり」と示されたのを受けて、真実信心とは永遠に変わらない「阿弥陀至徳」の教えを聞いてとどく喜び、といえます。阿弥陀仏が完成された喜びを受容する信心ですから、「十方諸有の衆生」がいただくことができるのです。真実の信心は、経験する問題の根底にある生まれた意義、生きる喜びを明らかにしています。

ある新聞の投書欄に、「通りすぎた四十年の歳月は、私にとって何であっただろうか。今手元に残されたものが、金銭的に不自由のない生活、それだけでよいのだろうか。人は贅沢だという。しかし六十四歳という恐ろしい老人の入り口で、私は立ち止まった。人間らしい生活を望むのはそれほど贅沢なのだろうか」とありました。

仏法を聞く喜びが私に至りとどいた時、生まれた意義である経験する問題を支える生きる喜びを受けます。「今日もまた新しい喜びに出遇いました」と、五十年間、仏法聴聞の人がいうように、「おおきに聞くところを慶喜せん」と、生きる喜びをいただくのです。

24

若不生者のちかいゆえ
信楽まことにときいたり
一念慶喜するひとは
往生かならずさだまりぬ

仏の、人びとを必ず救いたいの誓いがあるからこそ、
疑いなく深く信じる確かな時が来て、
教えを聞きひとおもいの信心の、深く慶びを得た人は、
浄土に往き生まれることが、必ず定まるのである。

「若不生者」は、「もし生まれずんば」と読みます。阿弥陀仏が人びとにかけられた四十八の本願の最も中心となる第十八願に、「若不生者　不取正覚」（もし生まれずんば、正しいさとりを得た仏とはいえない）と、浄土真宗の根本の経典『仏説無量寿経』に誓われた仏説をよりどころとして詠まれた和讃です。

阿弥陀仏が、念仏の教えをすべての人が疑いなく信じる時がきて、迷わない喜びを得たひとは、必ず清らかなさとりの浄土に往き生まれる人となる、もし生まれることができないならば、私は

仏とはいえない、と誓われていることが述べられています。

私たちも、わが子が立派に育たなかったら親の責任を果たしたといえない、と思うことがあります。「若不生者のちかいゆえ（にゃくふしょうじゃ）」です。しかし、私たちはわが子だけの誓いですが、阿弥陀仏の誓願はすべての人びとをつつんでいます。なぜならば、浄土に往き生まれさとりの仏となることで、私たちが人間成就するからです。その人間成就の必ず定まる道が、今ここで「信楽（しんぎょう）まことにときいたり／一念慶喜（きょうき）するひと」となることと説かれています。

『仏説無量寿経』に〝有るも無いも、その悩みは同じ〟と説くように、私たちは健康であれば病気という直接の苦はありませんが、不安は常にかかえています。また同経に「死ぬ時は楽しみを共にした妻子も財産も、わが身に一つも相い添うことがない」と独生独死の厳しさを説きます。また長寿を謳歌しながら、仏説は「この世の未来に何の待つほどのよいことがあろうか。何の楽しむことがあろうか」と説きます。せめて健康な間にと、旅食見に励んだ経験が、老いて愚痴（ぐち）の種になりはしないか、とどれもこれもわが人生の総決算はこれ、と言い切れない未完成な人生のままでいいのだろうか、と問いかけているのが、この和讃であります。

そしてさまざまな問題をかかえた人生ではあるが、永遠に変わらないさとりの教えを信じ喜び、無我なる広々とした仏と成る往生（おうじょう）浄土の人間成就の道を歩んでほしい、と願われた和讃です。

25

安楽仏土の依正は
法蔵願力のなせるなり
天上天下にたぐいなし
大心力を帰命せよ

安楽なさとりの国の、美しい環境とそこに住む仏・菩薩は、
法蔵菩薩のすべての人を救いたい、の誓願のあらわれで、
天上天下に比べるものがない。
このような、大きな心のはたらきを、敬い信じよう。

この和讃は、釈尊が法蔵願力を讃えて、私たちに浄土に往き生まれることを勧められていることを詠まれています。

法蔵とは、釈尊の説法を記した経典や浄土真宗 伝承の聖教を指しますが、ここでは『正信偈』の「法蔵菩薩因位時」(法蔵菩薩がさとりの仏となる因の位の時)の法蔵菩薩を指しています。

法蔵菩薩について、真宗根本の経典『仏説無量寿経』に、〝ある国王が老病死を見て世の無常を知り、これらがなにゆえ苦しみとなるのかと悩み、その苦悩からの解放を求めて、国も財位も

家族もすてて山に入って道を求める法蔵比丘となりました。やがて師仏・世自在王仏のみもとで「願わくは、私のために経法をお説きください。私はすみやかに正しいさとりを得て、もろもろの迷い、苦しみのもとを明らかにしたい」と願ったのに、師仏は、「それはあなた自身でさとりなさい」と告げられた。しかし比丘は、「これは私一人を超えた多くの人の深い問題なので、私の考えの及ぶところではありません。師より聞かせていただいて修行して願うことを成し遂げたい」と答えました。師仏は比丘の高明な志を知って、多くのさとりの国とその国をつくる因を説かれました。法蔵比丘はそれらの国をしっかりと観察し、その中から、勝れたはたらきを選び摂って四十八の本願を建て、阿弥陀如来となられました〟と説かれています。

はたらきの強さを示す力で、法蔵菩薩の本願力こそ阿弥陀仏の別号の「大心力」であると述べられています。

法蔵菩薩の本願力を人びとに酬め報せるはたらきが、安楽仏土の浄土であります。安らかな楽しみを受け、よりどころとなる清らかな環境は、美しく厳かなおかざりでもって阿弥陀仏の勝れたはたらきをあらわし、その環境に生きる仏・菩薩の身口意の整ったすがたは、すべて「法蔵願力のなせるなり」であることを明らかにされました。

このはたらきの強さは、天上天下、すなわち全宇宙を見ても比べるものはありません。

26

安楽国土の荘厳は
釈迦無碍のみことにて
とくともつきじとのべたもう
無称仏を帰命せよ

安らかな楽しい仏の国・浄土の厳かなおかざりは、
お釈迦さまの勝れた弁舌でもっても、
説けども説き尽くせない、と述べられている。
このように、言葉で言い尽くせない仏を、敬い信じよう。

この和讃は、安楽国土の美しい荘厳を讃えて、私たちが浄土に往き生まれることを勧められています。

安らかな楽しみの安楽国土とは、さとりの浄土のことですが、浄土の仏・菩薩の身口意の整った厳かさ、さらに七宝でかざられた浄土の清らかな環境は、法蔵菩薩の本願力、すなわち広く人びとに苦を除き楽を与えたいとかけられた深い願いを表現しているので、釈尊のとどまるところのない説法でも、説き尽くせないと、阿弥陀仏の別号の「無称仏」を讃えています。

釈尊の「無碍のみこと」を「阿弥陀仏の四無碍弁」といい、浄土真宗伝承の第二祖・天親菩薩の『倶舎論』には、四種類が説かれています。また理解能力でもありますので四無碍解、さとりの智慧のはたらきなので、四無碍智ともいいます。

一つは、法無碍、教法を完全に理解し通じていること。

二つは、義無碍、言葉の意味、筋道を知り尽くすこと。

三つは、詞無碍、言葉を巧みに使いこなすこと。辞無碍ともいいます。

四つは、弁無碍、聞く人を納得させる説法自由自在なこと。楽説無碍ともいいます。

これらはいずれも、さとりの仏と成って完成するはたらきですが、それでも浄土の荘厳の厳かさ、清らかさ、美しさ、意義の深さは「とくともつきじとのべたもう」といわれました。

この浄土の荘厳を、日常生活の目の当たりにあらわされ、さとりの浄土のはたらきに身を向け、荘厳に込められた本願の教えに耳を傾けさせる巧みな手だてとして設けられたのが、お寺では仏間であるお内陣であり、家庭では一般にいう仏壇、真宗でのお内仏であります。これらの金箔も、仏具も、お華を立てるのも、灯明を灯すのも、すべてに深い意味があります。例えば、金箔の輝きは永遠に変わらない喜びをあらわし、しかも喜びの中の喜びであることを示しています。

荘厳のおかざりは、私たちのアイデアでするデコレーションではありません。

27

已今当の往生は
この土の衆生のみならず
十方仏土よりきたる
無量無数不可計なり

過去・現在・未来に、浄土に往き生まれた人は、
私たちの世界の人びとだけではなく、
十方あらゆる仏の国から、阿弥陀仏のもとに来ている。
それは量れない、数えられない数である。

真宗は、往生浄土の宗教です。
宗祖親鸞聖人は『尊号真像銘文』に、「往生というは浄土にうまるというなり」と説かれていますが、私たち真宗門徒は、「念仏の人、おさめとりて浄土に帰せしむ」と同書に述べられるように、阿弥陀仏の願いが私の上にとどいた念仏によって、浄土に往き生まれる念仏往生の道を歩ませていただくのです。仏さまの教えを聞き信心の悦びを受けた人を、「信心をうればすなわち往生す」と親鸞聖人は『唯信鈔文意』に述べられています。

この和讃では、こうした悦びのもとに往生浄土を果たされた人は〝已に過ぎた過去、今現在、当に来る未来の往生の人は、念仏往生の人ばかりではなく、あらゆる仏の国から阿弥陀仏の浄土に来られる〟と述べられて、往生浄土の信心の生活を勧められています。

ただここで述べられている、その数は無量であり無数であり計算不可能である、という言葉は、例えば一般にいわれる一千人目の入場者といったような単に一人二人と「数える」意味ではありません。

往生の「往」は、ただまっすぐに浄土に向かって進んで往くという意味だけではなく、浄土の教えに出遇うことで、今まで気づかなかった、私を深いところで動かしていた心に気づいて往くことをあらわしています。

仏教で説くさとりとは、あっなるほど、と心の目がひらかれる喜びをいいます。覚めた仏さまの教えによっていただく信心の喜びです。信心の人・榎本栄一さんの念仏詩集に「またひとつしくじった／しくじるたびに目が開いて／世の中少しひろくなる」と書かれていました。「しくじる」を「苦しみ」「悲しみ」に置き換えても成り立つ心境詩です。さとりの教えを聞いていただく信心の榎本さんには、あっなるほどの静かな悦びが、どれほどあったことでしょうか。この悦びは一人二人と数える数量計算を超えたものなのです。

28

阿弥陀仏の御名をきき
歓喜讃仰せしむれば
功徳の宝を具足して
一念大利無上なり

南無阿弥陀仏の御名を聞いて、
心身ともに歓喜し、仰ぎ尊ぶならば、
仏の勝れたはたらきの慶びの具わった、
ひと声の念仏で受ける大きな慶びは、この上なく尊い。

この和讃は、南無阿弥陀仏の名号の勝れたはたらきを讃えて、私たちに信心を勧めています。
阿弥陀仏の御名に、四つの呼び名があります。一つは、「南無阿弥陀仏」の六字の名号、二つには、「南無不可思議光仏」の八字の名号、三つに、「南無不可思議光如来」の九字の名号、四つには、「帰命尽十方無碍光如来」の十字の名号です。

この和讃でいわれる「阿弥陀仏の御名をきき」の御名は南無阿弥陀仏の六字の名号を指し、名号を称えることを称名 念仏といいます。念仏は、「今、私の心に仏とどく」と書くように、阿弥陀仏が人びとにかけられた深い願いである本願が、具体的な言葉になって私の上にとどいたあらわれで、この名号念仏のいわれを聞いて「歓喜讃仰せしむれば」、そのひと声の念仏にこそ、阿弥陀仏の勝れた「功徳の宝を具足して」いるのです。

功徳の宝である阿弥陀仏の勝れたはたらきとは、信心の悦びに出遇って、なるほどと、ひとおもいのうなずきの信の一念によって、私の往き生まれる浄土が明らかに定まることです。なぜならば、往生浄土は私の力や行いで決まるのではなく、あくまでさとりの浄土を明らかにされた阿弥陀仏の、仏に成れとの深い願いのはたらきによって開かれた往生道だからです。

私のお寺で六十年前のことです。父住職が病臥していましたので、数十軒の門徒報恩講に大学生の私がお勤めにいきました。勤行のあと法話を行いますが、ある晩、いつもの母親にかわって参詣された三十代の息子さんは法話を聞いて、「仏教ってこんな話なのか」とびっくりしたのが縁で、八十五歳で亡くなるまで熱心に仏法聴聞されました。信の一念の門徒でした。

ひとおもいのうなずきをもとに、その後の「一念大利無上なり」の称名念仏は、生涯にわたっての信心の悦びが絶え間なく続いていく、相続の念仏であります。

29

たとい大千世界に
みてらん火をもすぎゆきて
仏の御名をきくひとは
ながく不退にかなうなり

たとえ、この広い世界に
満ちる火の中を過ぎ行きても、
南無阿弥陀仏の御名のいわれを聞く人は、
往生かなう、正しい信心の人となる。

たとえ全世界に満ちる火の中をくぐり抜けてでも仏法を聞け、とは何とも激しいお誘いです。

このたとえで、私は二つのことを学びました。

一つは、煩悩にまみれたこの私を必ず清らかなさとりの仏にしようという阿弥陀仏の念仏の教えを聞く信心は、「みてらん火をもすぎゆきて」といわれるほどに大きな意義をもっていることを示されています。親鸞聖人の法語を記した『歎異抄』に、「おのおの十余か国のさかいをこえて、身命をかえりみずして、たずねきたらしめたまう御こころざし、ひとえに往生極楽のみちをといきかんがためなり」とあります。この時代の東海道五十三次は、文字通り命がけの旅でしょうが、往生浄土の不退転の位に確かに立つための旅であります。まさに満ちる火の中をくぐり抜けてでも仏法を聞け、の覚悟だったと思います。この和讃にいわれる「ながく不退にかなう」の不退は、不退転といい、必ず仏になることですが、退は過去が愚痴の種にならない、転は正しくものを見る力を得ることです。

もう一つは、みちあふれる火は、『歎異抄』に「火宅無常の世界」と、この世を言い当てられるように、私たちの中で燃えさかる煩悩を指している言葉です。自分にこだわる、舐めるようにちょろちょろと燃える貪欲の炎、自分をそこなうものへの激怒する猛火、そねみ・ねたみのとろ火の瞋恚の炎は、お互いに燃やし合い、壊し合う苦悩を生みます。こうしたわが身の事実に気づかせてくださるのが、「仏の御名」の念仏の教えであります。救われるということは、この川は危険だと知った人がおぼれずにすむように、自分の心のあり方に気づかせていただくことです。

不退は無退ともいわれ、再び迷いの世界、火宅無常の世界に退却することがない、という意味です。往生浄土の定まった信心の人を、正しく往生の定まったともがらである正定聚の位置に立った人といい、不退転といいます。これを真宗根本の経典『仏説無量寿経』に〝即に往生を得る不退転に住す〟と説かれ、真宗肝要の教えであります。

30

神力無極の阿弥陀は
無量の諸仏ほめたまう
東方恒沙の仏国より
無数の菩薩ゆきたまう

人びとを覚らせる優れた力の極まりない阿弥陀仏を、量ることのできない多くの仏たちが、ほめ讃えている。
この世のガンジス河の砂の数ほどある仏の国より、無数の菩薩たちが、教えを聞きに往かれる。

この和讃は、神力無極の阿弥陀、すなわち人知で量れない、永遠に変わらない阿弥陀仏のはたらきが、無極であり、さらに一切をつつむ普遍のはたらきである阿弥陀を、すでにさとりを得た多くの諸仏が、ほめ讃えているところであり、この世からも無数の菩薩が往かれるところであることを説いて、私たちに浄土に往き生まれる信心を勧められています。

恒沙とは、恒河の砂のことで、恒河はインド北部のヒマラヤ山脈からベンガル湾にそそぐ壮大なガンジス河を指し、恒河砂数、恒沙塵数などと、その砂は「数が多い」たとえとしてよく経典に出てきます。その恒砂の仏国とは何を指しているのでしょうか。

仏教では国を刹土と表現し、その刹土は塵刹といって塵の数ほどあると、経典は説いています。今や世界は一つといわれている時代に、塵の数、ガンジス河の砂の数ほどの世界とは、何とも現実離れした考えだと思われるでしょう。しかし、人の住む所を高いところから見れば、小さな小さな家がびっしりと建ち並んでいます。あの一軒一軒の家は玄関を一歩入れば、生き方も習慣もまったく異なった、一つの国一つの世界です。そして家の中の、親の部屋、子どもの部屋とドアの内は持ち物、趣味もまったく違った一つの世界です。さらに私一人の中に、男の世界、夫の世界、親の世界と数えきれない世界をかかえています。このように仏教での国・世界は、細やかな心のはたらきを指しています。この細やかな心のはたらきを、一つ一つ照らし出す仏さまの智慧のはたらきを、照塵刹といいます。このような細やかな世界に地球上の人類数を掛けると、ガンジス河の砂の数にたとえるのもうなずける思いがします。

また、ゆきたもう菩薩とは、親鸞聖人は「浄土に、信心の人のこころ、つねに居たり、信心の人は如来とひとし」と説かれ、念仏道を歩む人、信心をよろこぶ人を指しています。ただ私の身が証を妨げていますので、未証浄心の菩薩ですが、やがて煩悩を離れた清らかな神力無極の阿弥陀の浄土に往き生まれて、人間成就する道を歩めと勧めてくださっている和讃です。

31

自余の九方の仏国も
菩薩の往覲みなおなじ
釈迦牟尼如来偈をときて
無量の功徳をほめたまう

東方以外の九の方面の仏の国からも、
菩薩が、阿弥陀仏に往きまみえるのは、みな同じで、
釈迦牟尼如来は『東方偈』を説かれて、
念仏の量れない、優れたはたらきをほめられている。

この和讃の「釈迦牟尼如来偈をときて」といわれる偈は、釈尊の説かれた浄土真宗根本の経典『仏説無量寿経』に説かれる『東方偈』のことです。その中でこの世はもちろん、あらゆる国から菩薩が阿弥陀仏のもとに往きまみえて、仏さまを供養し、教えを聞くことは、どの菩薩もみな同じであることを讃え、次に諸仏が阿弥陀仏のもとに往き詣でて、仏の量り知れない勝れたはたらきを挙げてほめ讃えていることが述べられている、信心の偈であります。その教えにもとづいて私たちに浄土に往き生まれることを勧められて詠まれたのが、この和讃です。

往観とは、往き詣でて阿弥陀仏にまみえることですが、親鸞聖人は、この和讃の左に書かれた解釈に「往生し、ほとけをみたてまつる」と記されて、「往」を、修行を積んだ力で往き仏にまみえるのではなく、阿弥陀仏が私たちにかけられた願いである本願力によって浄土に往き生まれることを示された言葉であります。すなわち念仏道を歩む人、仏さまの言葉を喜ぶ信心の人が歩ませていただく往生道として説かれました。

ここに釈迦牟尼如来について、お話ししておきたいと思います。といいますのは、釈迦牟尼如来と阿弥陀如来は同一の人なのか違うのか、と質問を受けることがよくあるからです。

釈迦牟尼如来、すなわち釈迦はインドのシャカ族の王子に生まれ、苦からの解放を求めて修行し、さとりを開いて伝道説法に八十年の生涯を尽くした、実在の人です。シャカ族の王子が智者となって世に出られたことを尊んで、釈迦牟尼如来、または釈尊、世尊と呼んでいます。

この人間釈尊が覚めた永遠に変わらない真理、誰にとっても正しい道理をアミダの法といいますが、釈尊とアミダの法の二尊が一体となって、阿弥陀如来と呼んでいます。阿弥陀如来の相は人間釈迦の相ですが、その相には、例えば身金色相といって、不滅の価値をあらわす金で永遠なる真理の法を示すなど、三十二相の法を具えて立たれるのが、浄土真宗の本尊・阿弥陀如来であります。

32

十方の無量菩薩衆
徳本うえんためにとて
恭敬をいたし歌嘆す
みなひと婆伽婆を帰命せよ

十方の量れない多くの菩薩や念仏道を歩む人たちは、
優れたはたらきのもとである念仏を称え重ねて、
つつしみ敬って、声をあげてほめ讃えている。
人びとは、世に尊い仏を、敬い信じよう。

ここに述べられた婆伽婆はサンスクリット語のブハガバットの音写で、世に尊き人・世尊と訳します。また経典には、世間の雄者の世雄、世の眼目となる世眼、世間の問題を解く世間解、智慧すぐれた世英とさまざまな表現で、世に立たれた阿弥陀仏の別号の「婆伽婆」の大きなはたらきを讃えています。

世間を、仏教では世は遷流、間は間隔と説いています。遷流とは、移り変わり流れていくことで、悲惨な戦争ののちに、やっと手にした平和なのに、またぞろ軍歌を好む若者が台頭してきたり、戦争法案と非難される法整備がなされたりと、同じことを繰り返しながら移り変わっていく世の中をいいます。間隔とは、イデオロギーの対立闘争、家族の繋がりの希薄が生む孤独、世代のへだたりをいいますが、いつの時代もこの遷流と間隔の世間相の中で右往左往しているのです。

その中で世に尊き人・阿弥陀仏は何を教えているのでしょうか。

世尊とは、世界中で最も尊いことを教える人ともいえますが、それは唯我独尊(ゆいがどくそん)と立ち上がれる人のことです。世界中で唯一尊いのは、環境まかせの幸せではなく、人まかせの喜びでもなく、自分の中に確かな喜びをもつ精神的独立者です。遷流と間隔の世だからこそ、自分の中に揺るがない悦びをもつことを教えているのが、世尊です。それは深い信仰心です。

深い信仰心は、世間が気になり世間によりかかっている私の力では生まれてきません。世を見つめる眼、世の問題を解きほぐす力、世をさとる智慧をもった阿弥陀仏の、「今、私の心に仏とどく」念仏がとどけてくださる悦びです。親鸞聖人(しんらんしょうにん)が『一念多念文意(いちねんたねんもんい)』に、「一念に万徳(まんどく)ことごとくそなわる、よろずの善、みなおさまる」と示される仏さまのはたらきのもと、すなわち徳本(とくほん)である念仏を深く味わう悦びです。この悦びをすでに受けて仏道を歩む菩薩(ぼさつ)たちが、ご恩報尽(おんほうじん)の念仏を、声にだして称(とな)え讃えています。

33

七宝講堂道場樹
方便化身の浄土なり
十方来生きわもなし
講堂道場礼すべし

七宝でかざられた説法の場所である、講堂や菩提樹は、人びとを真のさとりへ導くための、仮の浄土である。十方からここに生まれ往くもの、数極まりない。永遠のさとりへ導く尊い説法の道場を、敬い礼拝しよう。

嘘も方便、といいますが、嘘は本来、「本当でないことを、相手が信じるように伝える言葉。いつわり・そらごと・嘘言」と国語辞典に記されています。ただ「嘘も方便」といった時は「場合によっては嘘も手段として必要である」という意味をもち、釈尊の『法華経』「比喩品」の説話にもとづいて使われた言葉です。この場合の嘘は、前記のつきっぱなしのそらごと、の意味ではなく、方便をいいあらわす意味で用いられています。

方便を、親鸞聖人は『一念多念文意』に、「方便ともうすは、かたちをあらわし、御なをしめして衆生にしらしめたまうをもうすなり」と説かれています。さとりの智慧の形を超えた永遠に変わらない真実の浄土を、美しい七宝に輝く講堂や本堂で私たちに知らせ、またさとりの智慧を具体的な南無阿弥陀仏の御名で示して私たちに近づけてくださった「方便化身の浄土なり」の仏さまの大悲のはたらきであります。そして釈尊がさとりを得た菩提樹は、成仏の道場でありますので、阿弥陀仏を別号で「道場樹」と讃えられました。

まさに、具体的な言葉や形の世界に生きる私たちには、さとりの真実に出遇える唯一の道であり、人の生き様に合わせての説法に、ただただ合掌　礼拝あるのみです。

先に述べた釈尊の『法華経』「比喩品」の三車火宅の説話とは、〝釈尊が弟子・舎利弗に語った。ある時、長者の家が火災につつまれた。家でおもちゃで遊んでいた子どもたちに逃げるよう叫んだが、遊びに夢中であった。長者は必死に考えたすえ、ここに牛の車、羊の車、鹿の車がある、これで遊ぼう、と誘った。子どもたちは、燃えさかる火宅から飛び出してきて助かった。子どもたちは三車を探した。長者はのちに白い牛が引く、りっぱな車を与えた〟という話です。この時の長者は釈尊であり、白い牛の車は真実の教えであります。

方便は、もはや真実の言葉であり、真実を明らかにした釈尊のみが使える言葉です。私たちが方便という時は、おうおうにして隠れ蓑に使っている、嘘です。

34

妙土広大超数限
本願荘厳よりおこる
清浄大摂受に
稽首帰命せしむべし

さとりの浄土の広大さが数量を超えているのは、
仏の人への願いを美しく厳かにあらわしているからで、
清らかな心で人びとをおさめとる阿弥陀仏を、
頭を地につけて礼拝するほどに、敬い信じよう。

妙は、絶対で比べるものがない、勝れて不可思議な、最高の、という意味をもち、仏教語の中でも殊に重く用いられる文字の一つです。

「妙土」とは、浄土のことで、阿弥陀仏のさとりの智慧によってかたちづくられた、清浄な国土をいいます。浄土は広大で人びとの考えや数量を超えた「妙土広大超数限」の世界であります。阿弥陀仏がすべての人びとを煩悩から解放された無我の清らかな浄土に迎えたい、と誓われ、さらに浄土に生まれた諸仏・菩薩は、後の人たちに仏教を伝えてもらいたい、このはたらきが永遠に続き休むことのないようにと、遠大な願いである本願を美しいおかざりで表現されたのが、妙土であります。

その清浄なる浄土は、国土と仏と菩薩の三種に厳かにかざられています。

まず、国土は虚空・地上・地中でかざられています。私たちが勝れて不思議の真実の妙土に身を向け、心を寄せるために仮に形にあらわした方便浄土が、お寺の仏間であるお内陣です。内陣の天井に宝華を描いたり、須弥壇・宮殿で虚空をかざり、仏華・灯明などで地上をかざり、床は漆塗りで虚空を写して地中をかざっています。そして荘厳国土に住む仏と、菩薩の身と口と意の三業が整って清らかであることを、衣やお勤めの節や声であらわしています。

このように、生老病死の憂い、苦しみ、悲しみの苦悩に惑う私たちを導くために願いを建て、それを完成させて、大きく人びとを摂受、おさめうけるはたらきが阿弥陀仏であります。それゆえに、阿弥陀仏を別号で「清浄　大摂受」と讃えています。この摂受の原語は護念とも訳されています。念仏の人を浄土におさめとってくださる摂受のはたらきは、そのまま念仏の人に寄りそって護ってくださる護念のはたらきでもあります。私たちに念仏往生を勧められた『仏説阿弥陀経』を「一切諸仏の護念したもう経」といわれ「一切諸仏摂受の法門」ともいわれるように、念仏に摂受と護念のはたらきがあることが説かれています。

35

自利利他円満して
帰命方便巧荘厳
こころもことばもたえたれば
不可思議尊を帰命せよ

自らもさとり、他もさとらせるはたらきが円かに満ち、
人びとに敬い信じる心を促すための、巧みなおかざりは、
人びとの心も言葉も、絶したものである。
思いも言葉も超えた尊い仏を、敬い信じよう。

利益という文字は、二つの読み方があります。「りえき」と読んだ時はもうかった、得したことで、初詣や願かけを連想します。「りやく」と読むのは仏教の読み方で、仏・菩薩が人びとに対してめぐみを与えるという意味です。しかし仏・菩薩の「りやく」を人間の解釈で「りえき」と同じ意味に使っていることが多々あります。しかし、本来仏教でいう「りやく」は、あくまで仏・菩薩から受ける信心のめぐみで、内面の悦びです。

この和讃に説かれる「自利利他円満して」の自利利他は、多くの人びとをさとりに向かわせる

乗り物で、大乗仏教の中で重い意味をもった言葉の一つであります。

利は利益のことで、自利は、自らを利益すること。阿弥陀仏がまだ仏と成る前の法蔵菩薩の時、長い修行を成し遂げて、さとりの仏さまとなられたことをいいます。利他は、他を利益すること。自らのさとりを決して自分一人の悦びとしないで、他の人びとに自由自在に教えを伝え、苦しみから解放される信心の道を説き、「自利利他円満して」阿弥陀仏となられました。

本願寺第八代・蓮如上人は、大坂坊舎建立の時の『御文』に、〝この在所に居住する理由は、必ずしも一生涯を気楽に過ごし、栄花栄耀を好み花鳥風月を楽しむためではなく、念仏の教えを受け信心歓喜の人が繁盛して、念仏を申す人が生まれてほしい一念である〟と述べられています。悦びは、人と共に悦ぶのが本当の悦びだと教えています。

私たちは、念仏の教えを聞き、信心の道を歩んで、現在の利益として菩薩の歓喜地に立つ悦びをいただきますが、人びとに教えを伝え、教化する力は、浄土に生まれた上地の菩薩であります。

自利利他を円満した阿弥陀仏の教えを、人びとに「敬い信じるようにと、形にして巧みにおかざりされた浄土」を、菩薩たちは「こころもことばもたえたれば」と讃えています。そして、人の意思や言葉で言いあらわすことが不可能なほど尊き阿弥陀仏の別号の「不可思議尊」を敬い信じようと勧めている和讃であります。

36

神力本願及 満足
明了 堅固究竟願
慈悲方便不思議なり
真無量を帰命せよ

気高い仏が私にかけられた願い・本願は、円やかで、
明らかで、てがたく、極め尽くした願いで、
慈しみの心とその手だては、人の思いや言葉を超えている。
永遠に変わりなく量れないはたらきを、敬い信じよう。

かつて赴任していた北海道・旭川別院の境内の、巨大な木の樹氷が暁光を受けて輝く見事な美しさに、氷点下二十度の寒さの中で見上げながら、浄土の無量の光色に輝く菩提樹を想望したことがありました。浄土の菩提樹は、高さ四百里、枝葉が四方二十万里に伸び、かざられた衆宝の色が種々に異変し、微風静かに吹いて無量の妙法の音声を奏でる、と浄土真宗　根本の経典『仏説無量寿経』に説かれています。

ちょっと不可思議な光景ですが、阿弥陀仏が人びとにかけられた四十八の本願の第二十八願・

見菩提樹の願に、浄土の菩薩と念仏道を歩む者はもちろん、諸行に心乱れる者も、ぜひ浄土の菩提樹を知見してほしいと誓われていますので、阿弥陀仏からいえば本願の深遠なこと、私たちから見れば、念仏のはたらきの偉大さをあらわしている仏説と、私はいただきました。

さらに浄土の菩提樹を知見した者は、三法忍を得ると経典に記されています。忍は道理を確認して心やすらかなことで、一つは、教えの言葉にこもる響きを確認する音響忍。二つは、教えの道理に素直に順う柔順忍。三つには、形にとらわれない真理をありのままに確認する無生法忍です。これらは浄土の菩提樹を見ていただく、利益・よろこびですが、言いかえれば、深遠な本願の教えから受ける喜びです。なぜならば、阿弥陀仏の本願は、さとりの量り知れないはたらきの威神力の故に、人びとに誓われた願いの本願力の故に、一つとして不足にしない満足願の故に、いつわりなく確かな明了願の故に、かたくてしっかりとした堅固願の故に、必ず成し遂げる究竟願の故に、と人びとの迷いを破り信心の人へと動かすはたらきの強さを、力であらわされました。

この六故の仏説は、ひとえに浄土のさまざまなはたらきにつつんで、人びとの苦を除き楽を与えたい阿弥陀仏の慈悲心と、浄土の荘厳を言葉と形にして、私のところにまでとどけようとする方便のはたらきであります

永遠なる阿弥陀仏の別号の「真無量」のはたらきを讃えた和讃です。

37

宝林宝樹微妙音
自然清和の伎楽にて
哀婉雅亮すぐれたり
清浄楽を帰命せよ

浄土の輝く樹林の葉が、風にふれて美しい音を奏でる。
その自ずからなる清らかな音色は、秀でた楽人のように、
深くしずんで、しかも雅やかですぐれている。
清らかな音楽のようなさとりの教えを、敬い信じよう。

京都に有名な名勝・二条城があります。ここで人間が繰り広げた出来事は別にして、立派な建物・楼閣、庭園の樹木、静かな池、流れる琴の音の静寂さは、今でも人びとに大きな安らぎと深い思索を与えてくれています。

こうした風景を見るたびに、経典に説かれる浄土のおかざりが心に浮かびます。浄土は、宝樹・宝池・楼閣・音楽でさとりの心の輝きを表現しています。そしてその荘厳にふれる私たちに、安らぎと味わう心の深さがとどいてきます。

この和讃(わさん)は、浄土のおかざりの宝樹と音楽の清らかさを述べることで、阿弥陀仏(あみだぶつ)の別号である「清浄楽(しょうじょうがく)」のはたらきの勝(すぐ)れていることを讃(たた)えています。

清浄は、さとりの基本となる心で、身の煩(わずら)い、心の悩みの煩悩(ぼんのう)をはなれた浄(きよ)らかな心ゆえに、ありのままにものを見ることができるさとりの智慧(ちえ)を清浄といわれました。その清浄心によって形づけられたのが、清浄国土、すなわち浄土であります。阿弥陀仏のはたらきである念仏を称(とな)えることも、教えを聞いてとどく信も、浄土に往(ゆ)き生まれる因も、浄土の人となって受ける喜びも、すべて阿弥陀仏の清浄心のはたらきであります。

ある障害をもった人が「私たちは不自由ではあるが、不幸ではありません」と明るい顔でいわれていましたが、これが幸せだ、これが不幸だとすべてを決めつけとらわれる我の煩悩を離れて、無我なるさとりの浄土に立つ樹木を宝樹宝林(ほうじゅほうりん)といい、枝葉を揺らし、微妙(みみょう)の音色を出す風も、清浄心をあらわしています。

種類の異なる楽器で奏でられるさまざまな音階を、調和のとれた、哀婉雅亮(あいえんがりょう)勝れたるオーケストラにしていく楽人のようなさとりの浄土は、私たちの我の煩悩による排除の倫理、そこからおこる差別、さらに対立へと乱れていく心を照らし出して、すべてを尊いご縁と、平等に調和のとれた受け止め方のあることを示している和讃です。

38

七宝樹林くににみつ
光耀たがいにかがやけり
華菓枝葉またおなじ
本願功徳聚を帰命せよ

七種の宝石で輝く樹林が、仏の国・浄土に満ちている。
放つ光が、互いに輝き合って美しい。
華も果実も枝も葉も、また同じである。
私にかけられた願いの勝れたはたらきを、敬い信じよう。

仏教と樹木は密接な関係にあります。釈尊の誕生は無憂樹下、苦行はウルヴェーラの森、さとりは菩提樹下、入滅は沙羅樹の下と伝えられています。樹木は、根・幹・大枝・小枝・葉・花・実の七で構成されています。仏教で七は、満をあらわす数字です。

浄土真宗 根本の経典『仏説無量寿経』に、さとりの国浄土に「七宝のもろもろの樹、世界に周満せり。金樹・銀樹・瑠璃樹・玻瓈樹・珊瑚樹・碼碯樹・硨磲樹なり」と説かれているのを、この和讃では「七宝樹林くににみつ」、さらに「光耀たがいにかがやけり」であり、その輝きは

「華菓枝葉またおなじ」であると述べています。まるで、全世界がイルミネーションで輝いているようですが、宝樹のおかざりは、阿弥陀仏の智慧の輝きをあらわしています。そして太陽の輝きを身に受けて光る月のように、輝きは私たちの身にとどき、信心歓喜を与えます。その輝きを、阿弥陀仏の別号「本願功徳聚」と讃えられました。

阿弥陀仏の功徳、すなわち勝れたはたらきの、人びとにかけられた本願は、人びとの煩悩の身をもつつみすべてをおさめきった願いであることを、国に満つ輝きであらわされています。

親鸞聖人は二十年間比叡山で、この身のまま仏となる即身成仏の修行を積まれました。『山家学生式』で定めた年月の修了間近になっても、煩悩からのがれきれないわが身に苦悩され、ついに山を下り、この身のまま、何の条件もつけられない阿弥陀仏の深い願いにつつまれた念仏道を歩まれました。その帰る処を見いだされた歓びを「雑行を棄てて本願に帰す」と記されています。

親鸞聖人が、「無明煩悩われらがみにみちみちて、欲もおおく、いかり、はらだち、そねみ、ねたむこころおおく、ひまなくして臨終の一念にいたるまでとどまらず、きえず、たえず」と『一念多念文意』で、自身の心のあり方を素直にうなずかれたように、私たちの根源を照らし出すはたらきが阿弥陀仏の智慧の輝きであります。

まばゆいばかりの浄土の輝きは、照らさねばならない煩悩の深さをあらわしています。

39

清風宝樹をふくときは
いつつの音声いだしつつ
宮商和して自然なり
清浄勲を礼すべし

浄土の清らかな風が、七宝でできた樹林を吹く時は、五つの音階を奏でている。

合わない音階の宮と商も、調和して人の力を超えている。

このように、清らかで優れたはたらきを、敬い信じよう。

尺八やクラリネットといった管楽器は、吹いて美しい音をだしますが、風が奏でる音楽です。清らかなさとりの国・浄土では、八種清風といって清風が四方四隅からおこると経典に記されています。さすがに、あまり歓迎されない上からと下からの風は吹かないようです。その清風が宝樹の間を吹き通る時「いつつの音声いだしつつ」と音を奏でるのですから、音楽に身がつつまれた安らぎを感じます。

五つの音声とは、宮・商・角・微・羽の中国の音階ですが、この内の宮・商は、調和の難しい音階だそうです。ところが、さとりの浄土では「宮商和して自然なり」と、私のはからいを超えて自然に調和のとれた美しい音となる、と述べられています。浄土真宗の根本の経典『仏説無量寿経』に、“正しい覚りの大きな音、十方に響き流れる”と説かれるように、さとりの浄土の音声は、阿弥陀仏の説法の響きであります。清風が心地よく身をつつむように、仏さまの説法が諸仏・菩薩の心に爽やかさをとどけているのです。無我のさとりだからこそ、相容れない宮・商を調和のとれた美しい音色にしていることを説かれています。

ところが、相容れない宮と商を男と女にたとえて、仏さまは宮商和してといわれますので、どうか夫婦仲良く、と結婚式のスピーチでよく使われています。しかし、無我なるさとりの浄土だからこそ、宮商が和するのですから、いきなり夫婦仲良く、一心同体で、の金言にはなりません。この宮商和しての仏説は、私たちにまずは、宮と商、男と女の違いを認め合うところから出発しなければならないことを教えているのです。夫婦になったといえども、生まれた親も育った環境も学校も職場も、まったく異なった道を歩んできたのですから、まず、どこまで違いを認め合えるのか、どこまで違いを許し合えるのかというところから出発して、最後に「宮商和して自然なり」と静かな感動に遇えるのです。

この和讃は、阿弥陀仏の別号「清浄勲」（清らかな風のはたらき）を讃えています。

40

一一のはなのなかよりは
三十六百千億の
光明てらしてほがらかに
いたらぬところはさらになし

浄土に咲く蓮の花の一つ一つから、
さまざまな色が互いに入り交じって、
光をはなって、広やかで明るく輝いていて、
行き届かないところは、少しもない。

この和讃は、「はな」の創り出す清らかな世界が説かれています。

ここで述べられる「はな」は、仏教で最も尊ばれ、さとりの浄土を象徴する蓮華のことです。インドで蓮華といわれる花には、蓮と睡蓮と蓮華の一種も含まれているといわれています。花の大きさは車輪のごとしと、釈尊は『仏説阿弥陀経』に説いています。

花の色は青・黄・赤・白・黒・紫で、六色がそれぞれに光を出し、互いに混ざり合い映り合っているので三十六の光になり、それらが「光明てらしてほがらかに」と計り知れずに輝き、無量

のはたらきを「百千億」で表現されました。

蓮華は、花の色も香りも美しく、不染の義ともいわれるように、泥沼にありながら染まらずに清らかな花を咲かせる、浄土のはたらきをあらわしています。煩悩によって正しくものを見ることのできない泥水にまみれ、生老病死の苦悩の泥に沈みながらも、煩悩を離れ苦悩からの解放を求めて、ついにさとりの智慧なるブッダと成った尊さをあらわしているのが、仏・菩薩の八葉を基本とした蓮華座で、華座、蓮台ともいいます。

親鸞聖人が著された『正信偈』に、浄土真宗伝承の第二祖・天親菩薩が『浄土論』で、さとりの浄土のはたらきを「得至蓮華蔵世界　即証真如法性身」すなわち、蓮華蔵世界の浄土に至った人は、泥沼の泥に染まらぬ蓮の花のように、清らかな仏さまのさとりの身となる、と説かれていると述べられています。

また真宗に、供笥に餅を盛ってお備えする作法があります。正しくはお華束といい、本来は名の通り蓮華の花びらを盛っていた作法で、その名残りが供笥の周りに八枚の蓮華の花びらを方立として用いています。特に報恩講での須弥盛という盛り方の時に、餅に赤や藍の色をつけるのは浄土の蓮華の花びらをあらわしています。

「いたらぬところはさらになし」と蓮華蔵世界のはたらきが私たちにとどいています。

41

一一のはなのなかよりは
三十六百千億の
仏身もひかりもひとしくて
相好金山のごとくなり

浄土に咲く一つ一つの華の中からは、
限りなく多くの
仏身が生まれ、どの身も輝く智慧は等しくて、
三十二相の身のかざりは、黄金の山を見るようである。

この和讃は、釈尊が『仏説無量寿経』に説かれている華光出仏、すなわち蓮華の光の中から諸々の仏が出現する、と述べられた仏説をもとに詠まれたものです。

しかしちょっと突飛な表現で途惑いを感じます。

ここに述べられた蓮華の光とは、さとりの浄土を無量光明土といわれるように、阿弥陀仏の無量の寿・価値、無量の光・智慧の輝く世界を表現しています。その智慧の浄土に生まれた一人ひとりがさとりの仏・菩薩となり、その数は無量であることを「百千億」であらわされました。そ

の無量の仏・菩薩が多くの人びとに説法し、教え導くことを示されています。

蓮華の中でも、特に泥沼の泥に染まらない白蓮華は、一段の清らかさを私たちに与えてくれます。白蓮華をサンスクリット語でプンダリーカといい、漢字で分陀利華と音写しています。釈尊は『仏説観無量寿経』で「念仏する者は、当に知るべし、この人はこれ人中の分陀利華なり」と念仏の人を人中の好華と讃えられました。また煩悩の身の真っ只中にとどいた念仏は、煩悩にまみれることなく、清らかな白蓮華のように上上華であると、いただくことができます。

京都大学名誉教授で、日本で初めて電子顕微鏡を作られた、ウイルスの研究では世界的な医学者・東昇先生は、熱心な念仏者でした。かつて私が東本願寺出版部部長時代に先生にインタビューで、「いつ頃どのようなご縁でお念仏に遇われましたか」と質問すると、「私が初めてお念仏の声に遇ったのは、母のお腹の中に居る間です。母は尊い念仏者でした」と嬉しそうに語られたのが印象深く残っています。そして先生は最後に、「私の人生の総決算はただ念仏でした」と言い切られました。母なる蓮華の光の中から、一人の念仏者が生まれました。

そして浄土の蓮華が青や黄やと個性的な色をもちながら、「仏身もひかりもひとしくて」平等なはたらきをするように、「母は字が書けません。読めません」と東先生が述懐されるお母様が、世界的な科学者を「金山」のように輝いた念仏者へと生み出されたのです。

42

相好ごとに百千の
ひかりを十方にはなちてぞ
つねに妙法ときひろめ
衆生を仏道にいらしむる

仏身に具わったはたらきの、一つ一つが限りなく、
智慧の光をいたるところに放って、
常に優れた念仏の法を説き弘めて、
多くの人びとを仏道に導いている。

この和讃は、さとりを象徴する蓮華のはたらきを讃えた三首の内の最後の讃歌です。泥沼にありながら清らかに咲く蓮華のように、煩悩を離れさとりの仏と成った仏さまが、その身から十方に放つ光で、衆生の私に念仏道を勧められていることが説かれています。

ここで述べられている「仏道にいらしむる」衆生は、サンスクリット語サットヴァの訳で、数多くの迷いを受けるものという意味ですが、心をもつものの有情、または含識、含霊、多くの生きるものをあらわす群生、群情、群萌、群類と実に多くの言葉が用いられています。

仏教では迷いを生死といいます。六道に生まれ変わり死に変わりと車輪のように廻る、私の心のあり方を示す六趣の世界をいいます。

六道とは、喜びをまったく失った荒んだ心の地獄、喜びを独り占めにする貪りの心の餓鬼、喜びをただ与えられるのを待つ心の畜生、喜びを手にするために争う鬼心の修羅、喜びの中に憂い悲しみのひそむ人間、喜びがひと時の輝きの天上のことですが、これを『正信偈』に「還来生死輪転家」と説かれています。六道の迷いを、まるで家の中をくるくると同じところに立ち返って巡り回ることにたとえています。輪廻の六道を円であらわすと、人間の隣りが天上、その隣りが地獄になります。

暑いさなかに冷房のきいた電車で、一人のおばさんが「やぁー天国や」とひと時の輝きに感嘆の声を上げ、連れのおばさんは「降りたら地獄や」とガラス一枚向こうの地獄を嘆き、もう一人のおばさんは「冷房は神経痛に悪い」と喜びにひそむ憂いで、まさに六道輪廻の生活です。

六道の六を一つ離れた七は、仏教では満数の意味でさとりをあらわしています。さとりの仏さまは「つねに妙法ときひろめ」て、仏さまの言葉を聞く信心の人は、仏さまの心にしっかりとおさめ取られているので六道の迷いに気づくことができ、再び迷うことのない浄土の人となる仏道に、「衆生をいらしむる」ことを示してくださいました。

43

七宝の宝池いさぎよく
八功徳水みちみてり
無漏の依果不思議なり
功徳蔵を帰命せよ

浄土の七宝でかざられた池は、清らかで、
八つの勝れたはたらきの水が、充ち満ちている。
煩悩のない仏心によるので、人の思いや言葉をこえている。
この優れたはたらきの仏を、敬い信じよう。

この和讃は、さとりの浄土の宝池のはたらきを讃えています。

浄土にある池は、金・銀などの七宝で縁取られて、底には金沙が敷きつめられ、その中に八種の功徳の水が充満している、と浄土三部経に説かれています。

浄土の七宝の池、八つの功徳の水のおかざりは、何を意味しているのでしょうか。

七は満をあらわす数で、宝は喜びですから、さとりの浄土は欠けることのない、満ち足りた喜びの世界であることを述べています。

そして念仏のはたらきを、水のもつ優れた性質でたとえています。「水は方円の器に随う」といいますが、いかなる器、いかなる人びとにもいっぱいにとどくのは、水、すなわち念仏の優れたはたらきです。また『蓮如上人御一代記聞書』には「いたりてかたきは、石なり。至りてやわらかなるは、水なり。水、よく石をうがつ」とあります。うがつとは穴をあけることですが、念仏は小さな言葉のゆえにすべての人にとどき、そして強い我の心にはたらきかけて、さとりの言葉にうなずく信心を与えることを、水にたとえられたのです。

また浄土の水の八種の勝れたはたらきは、釈尊の説かれた『称讃浄土経』に、①【澄浄】煩悩を離れ、ありのままにものを見るさとりの智慧。②【潤沢】内に信心のうるおいあれば、外にかがやきあり。③【甘味】仏法は年齢と経験とともに、味わいが異なる喜びがある。④【軽軟】人生の重い出来事を、正しく軽やかに受け止める心。⑤【清冷】常に澄んだ心で、正しい道理を説く。⑥【安和】世の中安穏なれと、人びとに安らぎと和らぎを与える。⑦【除饑渇】飢渇を除くことで、飽くことのない貪欲をおさめる。⑧【長養諸根】人びとを限りある命から無量寿の世界に導き、豊かな喜びを与える。

と説かれています。

阿弥陀仏の別号「功徳蔵」は優れたはたらきの功徳を蔵のように包み込んだ念仏を讃えています。

44

三塗苦難ながくとじ
但有自然快楽音
このゆえ安楽となづけたり
無極尊を帰命せよ

地獄・餓鬼・畜生の、激しい苦しみもながく断ち切って、
ただ自然と聞こえる心地よい説法の声のみ楽しめる。
このゆえに、さとりの国・浄土を、安楽とも名付けられた。
極まりなく尊い仏を、敬い信じよう。

ここに説く三塗は、地獄・餓鬼・畜生の三悪道を指し、「塗炭の苦しみ」といって、泥にまみれ、炭火で焼かれるような激しい苦痛を受ける世界のことです。「三塗の黒闇」ともいいます。

地獄を火塗といい、火に塗れることで居場所のない苦しみをいいます。

火は灯火、火食など日常生活に大きな恩恵を受けています。しかしその反面、火山、火災、戦火などは人の居場所を奪う恐ろしさと悲しみを生む火となります。仏教では地獄への入り口が私の中にあると説きますが、居場所を失う激怒・怒髪が地獄と同じ苦しみかも知れません。

餓鬼を刀塗といい、刀剣や杖で打たれる苦しみです。

餓鬼の食べられもしない針金のような喉で、目をギョロつかせ入れ込む腹ばかりが大きいすがたは、あくことなくほしがる貪欲な心を映し出しています。貪欲は、結局刃となってわが身を切りきざみ、わが身にむちより重い杖罪を与えるほどの深い迷いであることを示しています。

畜生を血塗といい、互いに食い合い血に塗れる苦しみです。

欲望がそのまま血まみれの争いに直結する生き物のことです。文化や教養にはまったく無縁に、ただ鋭い爪と牙を武器にものごとを解決する生き物のことです。野生の動物が人間を襲いますが、彼らから見れば人間も同種の動物なのでしょうか。

ここに述べられる「三途苦難ながくとじ」は、三つの黒闇の苦しみを長く断ち切ってともに、その名さえも残さないと誓われた言葉が、人間が作り出す極苦劇難の激しさを示しています。

また、「但有自然快楽音」（ただ快楽の音のみあり）が苦難の深さを示しています。

この人間性すら失った激しい苦難を生み出す心のあり方を知り尽くされたからこそ、浄土真宗根本の経典の『仏説無量寿経』に「三途苦難の名あることなし。但自然快楽の音あり。このゆえにその国を名づけて安楽と曰う」と安らぎと喜びの世界を明らかにされました。

阿弥陀仏の別号「無極尊」が、極まりなく深い迷いに気づかせてくださった和讃です。

45

十方三世の無量慧
おなじく一如に乗じてぞ
二智円満道平等
摂化随縁不思議なり

十方と過去・未来・現在の、量りない智慧の仏たちは、
みな同じく、常に変わらないさとりの智慧に乗って、
すべて平等とさとる智、差別を認める智が円満で等しく、
縁ある人を教え導くことは、人の思い、言葉を超えている。

私たち真宗門徒の本尊、すなわち根本に尊ぶ仏さまを、阿弥陀如来（仏）とお呼びします。

仏はさとった人のことで、その仏の居ます処をお仏壇といい、真宗では一歩進めて、家の内に、私の心の内に来たる仏で、お内仏と呼んでいます。

さとった人・仏が、さとりの一如からこの世に来たはたらきを如来といいます。来る時の乗り物は教法ですので、如来とは、さとりの如より来たりて教えを伝える仏さまです。

その教えを親鸞聖人は『唯信鈔文意』に「「来」は、かえるという……法性のみやこへかえる」

と述べられた通り、法性は如のことですので、私たちを教えによって如へ帰らせるはたらきです。このことが、阿弥陀如来が私たちの家の中に立ち尽くされる唯一の理由であり、目的であります。如よりこの世界に教えを伝え、その教えによって如に帰らせるはたらきをすでに受けた人は、あらゆる世界の十方（じっぽう）から、そして過去と未来と去来を背負う現在の三世にわたる、量（はか）ることのできない諸仏たちであると、この和讃（わさん）は従如来生のはたらきを讃（たた）えています。

さて、如は「一如」といわれるように、永遠に変わることのないあるがままのすがたを指し、これを永遠の真理とか真実の本性といわれています。如は二つも三つもあることを迷いと教えています。例えば、天から水が降る、これを雨といい、万古のむかしから変わらない真理です。それが人類が生活するようになって、我に都合よく降ればいい雨、都合が悪いと嫌な雨と、さまざまな雨を作り出して喜怒哀楽の感情に苦悩しています。本当は「やあ、雨やわー」でいいのですよと、如は教えています。そして、「そうはいかないなー」という我が教えられてきます。

一如の教えによって往生浄土（おうじょうじょうど）を遂げた諸仏は、すべてが平等一如とさとる智慧（ちえ）と差別を認める智慧の二智ともに反目することなくまろやかに具（そな）えられています。そして縁に従って人びとを教え導く摂化随縁（せっけずいえん）のはたらきは無上の喜びであることを讃えています。

〝亡き人〟を〝諸仏〟といただける信心の人になりたいものです。

46

弥陀の浄土に帰しぬれば
すなわち諸仏に帰するなり
一心をもちて一仏を
ほむるは無碍人をほむるなり

阿弥陀仏の浄土を敬い信じたならば、
すなわち、そこに生まれた多くの仏を敬うことになる。
一筋の信心をもって、阿弥陀仏一仏を
ほめ讃えるのは、一切の多くの仏をほめることになる。

祖先をあがめ敬うことは、人間だけがもつ尊い感情です。しかしその気持ちをどうあらわしていくのかとなると、なかなか難しいことです。

例えば、先祖といっても、私一人で親の数だけでも五代先で三十二名、十代先で千二十四名と手に負えなくなります。そこで先祖代々といえばもっと無数の人になりますが、どうすればあがめ敬うことになるのでしょうか。

私たちは、その方法が判らないので、つい自分の考えを基準にしてしまいます。自分が水やお茶が欲しいので、亡き人にも水を供えようと思います。そうすると、亡き人の居るところには水がないことになります。水のない世界は地獄か畜生です。

また、事故現場に碑が建てられます。事故を風化させない記念碑ならば大切なことですが、慰霊碑となると考えなくてはならないのは、亡き人には事故の現場は最も恐ろしいところだということです。なるべく近づけないようにしてあげることが、亡き人を尊ぶことになるのです。

自分の考えを基準にすると、矛盾が生まれます。

この和讃は、仏さまから先祖を敬う道を示してくださっています。浄土に生まれた人は、みな阿弥陀仏のさとりの智慧に導かれて、往生浄土を遂げられたのですから、私たちが導師の阿弥陀仏を敬い信じることは、そのまま諸仏を信じることになります。また私たちが師匠の阿弥陀仏をほめ讃えることは、とりもなおさず、諸仏をほめ讃えることになります。

このことがただ一つ、すべての先祖を遠近濃淡の区別なく平等に敬い、しかも量ることのできない無碍の諸仏をほめ讃えることになるのではないでしょうか。

亡き人を人間の延長線上に置かないで、死を縁に、無我なるさとりの人となられたことにしっかりと目を開き、浄土の人となられた亡き人の後を訪ねて、阿弥陀仏の教えに遇わさせていただくことが、最も亡き人を敬うことになると説かれた和讃と、私はいただきました。

47

信心歓喜慶 所聞
乃暨一念至心者
南無不可思議光仏
頭面に礼したてまつれ

信心歓喜して、聞くことを慶び、
一念の如来よりたまわりたる信心を得た者は、
阿弥陀仏の不可思議の智慧のはたらきを敬い信じて
仏足をわが頭にいただくほどの思いで礼拝しよう。

真宗門徒のお内仏に、本尊・阿弥陀如来の尊像がご安置され、右に「帰命尽十方無碍光如来」と、浄土真宗を伝承した第二祖・天親菩薩が『浄土論』で阿弥陀如来をあがめられた十字の名号、左側に「南無不可思議光如来」の、第三祖・曇鸞大師が『讃阿弥陀仏偈』で阿弥陀如来を讃えられた九字の名号が掲げられています。

親鸞聖人は、この二つの阿弥陀仏のはたらきを讃えた名号を、自らの手で書写して本尊として礼拝されました。毎日に礼拝されて教えを聞いていただく信心の喜びが、さらに念仏を申す慶びへと深まり、ブッダの前にひざまずいて御足をいただき頭に載せて敬う最高礼の「頭面に礼したてまつ」る思いで、礼拝合掌されたのではないでしょうか。

そして親鸞聖人が、自らの歓喜心でもって「礼したてまつれ」と、私たちに敬う心を勧められた和讃であります。

仏教国スリランカで、仏教遺跡を案内してくれた男性ガイドは、僧侶の足に額をつける接足頂礼の上、供養をする熱心な仏教徒でした。写真を撮る時、山に彫刻された仏像にも、「仏さまにお尻を向けないように」「帽子をとりましょう。靴を脱ぎましょう」と、真摯に私たちを仏教崇拝の世界へと案内してくれました。生活と人生のすべてが信心につつまれた喜びの深さを「頭面に礼」すといわれたのではないでしょうか。

南無不可思議光仏は、私たちの思いを超え、論議の及ばない阿弥陀仏の智慧のはたらきを信じ敬う心をあらわした、阿弥陀仏を讃えた名です。

釈尊が仏教を説いて二千五百年もの間、世相にかかわりなく人びとの生活に染みわたり、人生をたて糸のように貫いて仏教が人びとの中に生き続けてきたことは、ただ不可思議の称讃あるのみです。また寺院はもちろん、一般社会のさまざまな場所で仏教を求めている計り知れない人びとをつつむ広さは、ただ不可思議の感嘆あるのみです。

48

仏慧功徳をほめしめて
十方の有縁にきかしめん
信心すでにえんひとは
つねに仏恩報ずべし

阿弥陀仏の智慧の優れたはたらきを讃えてきたのは、
すべての縁ある人びとに、聞いてもらいたいためである。
信心をすでにいただいた人は、
常に、阿弥陀仏のめぐみに、報謝の念仏を申しましょう。

「讃阿弥陀仏偈和讃」四十八首の結びの和讃です。

結びには二つの意味があります。一つは総括、二つは願望です。

総括とは、初めの二句で、ここまで四十七首を詠んできたのは、ひとえに阿弥陀仏の智慧の優れたはたらきをほめ讃えて、一人でも多くの縁ある人びとに仏教を聞いて信心を得てもらいたいためである、とお示しになりました。

願望とは、後の二句で、信心をすでに得て喜びの仏道を歩む人は、生涯を通して常に仏さまのめぐみに応えて報謝の念仏を申し、信心の相続が連続して極まりないことを願われています。

親鸞聖人は、恩をめぐみと説明されています。本願寺第三代・覚如上人が執筆された、親鸞聖人伝記『御伝鈔』に、聖人は病床にあって「ただ仏恩のふかきことをのぶ」と記されています。煩悩ゆえに迷いや苦難や悲しみをかかえたこの身を、往生浄土の身と定めてくださった仏さまの慈恩のお陰で、人生の経験すべてが、尊い仏さまのめぐみに遇う縁だったと、無駄なくいただけたことを喜ばれて、後は「もっぱら称名たゆることなし」と報謝の念仏を申された、と記されています。

仏恩報謝は、真宗の教えで最も重い言葉の一つであります。阿弥陀仏からめぐみいただいた智慧の念仏によって、さとりの言葉を聞く信心を受けた者は、ただ報謝の念仏を称えながら生涯の喜びとさせていただきたいと、和讃を味読しながらあらためて強く思いました。

報謝とは、何十年何百年経ても有り難うございましたと頭の下がるつつしみ敬う心です。

＊　＊　＊

親鸞聖人は、最後に、

已上四十八首　愚禿　親鸞作

と記されています。「愚禿」とは、仏さまの智慧に遥かに遠く愚かにして、今は僧に非ず俗に非ずの禿の親鸞、と三十五歳の越後流罪以来、生涯にわたって用いられた自らの名のりです。

おわりに

私は、五十五年間にわたって法話伝道の語り部としての道を歩んできました。

法話は、法にだけ立てば研究発表になり、話に立てば感話で終わります。法も話も大切な部分ですが、いずれも法話にはなりません。

法は仏にかかり、話は人びとにかかるならば、語り部は自らの信心の喜びを通して、両者の縁を結ぶ役目を担っています。

その役目を果たしていくための、最も基本となるものが私には二つあります。

一つは、「三帰依文」です。

法話の前に唱和する「三帰依文」は『真宗聖典』のものですが、私自身の導きとしていただいているのは、山口益博士の次のような「三帰依文」の意訳文です。

一、自ら仏に帰依するときは、衆生が仏の大道を体解して無上菩提に向かって意（こころ）を発するように、と願わねばならない。

一、自ら法に帰依するときは、衆生が深く経蔵（仏教）に入り、仏の精神を学んで、智慧が海のようにはてしないものになるように、と願わねばならない。

一、自ら僧（サンガ・教団）に帰依するときは、衆生が仏陀のようにサンガの大衆を統率して何ものにも碍られないようになれかし、と願わなければならない。

（山口益編『仏教聖典』平楽寺書店）

ここに布教伝道の基本があると思います。

もう一つは、別院・寺院での法話が、内陣（ないじん）の第八代・蓮如上人（れんにょしょうにん）の前で語られてきたことです。この形は、蓮如上人が聖人（しょうにん）一流の真実の信心を語り続け説き続けて、見事に真宗再興をはたされたことを示しています。

このことは、寺院の儀式法要が形式化し、門徒（もんと）家庭が分化し、社会が反・非真宗化する中で、一から問い直す布教伝道のあり方を提起していると思います。もはや、知っているだろう、判っているだろう、という思い込みからの語りではかみ合わなくなっています。真宗の教えをこつこつと白紙に絵を描くように語っていかねばなりません。

そうした意味で、このたびの本書出版は、私の布教伝道の一駒として重要な意味を持ったものとなりました。しかし語り部一筋の私が成文化するのですから、もとより至難のことで不安ともどかしさの執筆でありました。

それを補ってくださった法藏館の満田みすずさん、森江基さんをはじめ、戸城三千代編集長、スタッフの皆さまに篤く御礼と感謝を申し上げます。

合掌

二〇一六（平成二十八）年二月十日　土居坊・聞法室にて

澤田秀丸

澤田秀丸（さわだ ひでまる）

1934年、大阪府生まれ。真宗大谷派仏教青年会連盟全国委員長、宗務所出版部長、山陽教区所長、姫路船場別院・広島別院・茨木別院・岡崎別院・旭川別院輪番、同朋会館・総会所教導、大谷婦人会本部事務局長を歴任。教誨師。真宗大谷派清澤寺前住職。
著書は、『御文講座　聖人一流の御文』『御文に学ぶ　白骨となれる身』『信心をいただく』（法藏館）、『平成の名法話　聖徳太子に学ぶ（DVD）』（方丈堂出版）。

浄土和讃のおしえ　上
——冠頭讃、讃阿弥陀仏偈和讃——

二〇一六年四月二〇日　初版第一刷発行

著　者　澤田秀丸
発行者　西村明高
発行所　株式会社　法藏館
京都市下京区正面通烏丸東入
郵便番号　六〇〇-八一五三
電話　〇七五-三四三-〇〇三〇（編集）
〇七五-三四三-五六五六（営業）

装幀者　山崎　登
印刷・製本　中村印刷株式会社

ISBN978-4-8318-8742-9 C0015